我們，創愛的業

——30位台灣社會企業創業家的理想與堅持

林芳盈　編著

推薦序—前言

除了利潤，企業也可以改變社會

台灣社會企業創新創業學會秘書長
輔仁大學社會企業研究所教授　胡哲生

走入二十一世紀時的全球激情也許已經被淡忘，但是近十多年來台灣的經濟生活與社會士氣，卻常常讓人在對比上個世紀的工作活力、黑手企業的創業家精神、民眾認真工作賺取收入，辛苦卻有成就的年代。

我們已經將嘲諷社會中長久存在的一些扭曲現象，當作習慣性對話；但是在工廠品管部門工作過的人都知道，當一些現象持續出現時，就意味著作業系統中一定有系統性因素存在；現在我們嘲諷的社會現象已經有多久了？新世紀第一道曙光的記憶已經消退了，為何至今沒有辦法有效解決？這是否也顯示著我們的社會系統（包括世界主要經濟國家），有著社會系統設計上的誤失或盲點。

長期以來，我們依賴社會中三種組織：企業、非營利組織、政府，為社會提供功能相輔的生活所需。如果社會中一些老問題存在已久，甚至一些新問題不知如何解決，這都意謂著：現有的這個三立體制分工有盲點或漏失，企業不能僅只將獲利當作唯一目標（嚴格探究起來，企業是被設計出來累積資本，生產社會所需商品，獲利只是企業家有效率使用資源的成果指標，今天我們將成果當作設立目標），非營利組織應該引入企業化技術能力，一方面讓自己籌募部分資金，另一方面將自己的服務更有效的與市場結合。

如此，我們就必須以社會創新的精神，檢視這部用了一世紀的社會機器，是否有設計盲點？以前不以為意的小瑕疵，是否已經累積成大問題？以前好用的老機器，是否已經不適合今天的社會情境？以前的老工匠可以用這部機器做出當時需要的產品，今天的新工匠卻想用這部機器做出不同的產品。

社會企業就是一個對傳統的企業觀與NPO的創新思考。社會需要強大有能的企業，更多的關懷與實質的參與設計與提供社會需求，我將其稱之為「新心態企業」；而同時間我們也看到許許多多慈善組織、社區發展組織、弱勢照護組織、生產與消費合作社組織等走向商業創業，發展出多樣態的「新型態企業」。這些不論出發點何在，都是「兼顧社會價值與獲利能力的組織」，便是當前社會亟需的新社會體制，將社會問題當作企業機會的新心態企業、與非典型企業組織的工商組織。

將社會問題當作市場需求與創業機會，猶如在為廢棄資產發掘新價值，包括：為幫污染或過度使用土地尋找復原與再生的機會、在不被信任的工業食品環境中提供可親眼所見的良質食品、為先天弱勢者尋找到他現有生理機能的工作優勢與價值、為被忽略的社區尋找資源活化與社區生活文化價值等，許許多多只要重新思考都可以創造新價值與新工作機會的可能。

在社會普遍瀰漫「悶」、「就業停滯」、只聞富者獲利未聞基層工作者社會貢獻的報導，我們更需要將注意力放在社會基層工作者、將廢棄資源當作創業機會、中小企業或社區經濟體。台灣絕不缺乏這樣的企業或機構，缺乏的是應有的展現舞台。

本書所記述的社企實例，讓讀者不僅認知社會企業新觀念，更知道社會企業的創業契機、創新的產品／服務概念、創業資源與組織、及獨特的經營設計。希望本書的出版不僅增加你的知識，更導引你的消費行動力，幫助良質企業的創造與茁壯。

築起共享共榮的橋樑

福臨文化藝術基金會董事長　范瑞穎

多年來因推動基金會業務，有機會親臨數個從未拜訪的城鎮，藝文活動觸角伸及之處，每每驚喜的同時也感歎許多美好文化資產的凋零。這種情況並非僅侷限在所謂的偏鄉，就連都市也有許多被人忽略的角落及遺忘的故事。美好與感傷的交織，令我不禁尋思一個問題——當基本生存的條件需求都無法滿足的情況下，鼓吹保存固有文化、提倡文化傳承、推動藝文欣賞及創作是否也是種一廂情願不食人間煙火的暴力行為？是否能夠在期待完成基金會使命的同時，也能將現實的困境加以改善或突破？於是自二〇〇六年展開以藝文活動結合在地資源，進行文化藝術傳承教育，配搭學員創作成品的展出甚至銷售的運作模式，希望讓文化傳承成為在地居民自發自主的生態，不再僅仰賴外部資源的挹注，如此才是保存地方文化最好的方式。在當時基金會運作的模式下，社會企業的精神也在其中蘊釀發酵，相信許多非營利組織亦在不同場域逐漸形塑這一股強大的需求。受限於基金會係以利用善款推動會務性質，多年來我們僅能以單點的方式，將此理念在各地播種，希望將文化藝術傳承的自我供需生態鏈結的觀念，由點擴大成面，在不同地方生根。

近幾年社會企業在歐美地區蓬勃發展，創新的營運思維也帶動台灣的社會企業進入方興未艾的成長時期。以商業手法達成公益目的的社會企業，不僅成為世界創業的風潮，我更深信是發自於關懷人性與對生存環境渴求公平的強烈意識之供需結合。社會企業以愛和關懷作為創業初衷，創立一個以愛延續經營的事業，這過程面臨比傳統企業更複雜的外部環境、更嚴峻的運營條件，挑戰和阻礙更勝於一般企業。然而也因著這種特性，散發出迷人的氣息，呼籲著更多有志一同的人們加入。愈來愈多的年輕人默默投入，他們的創意無邊無際、熱情似海收納百川，衆多優秀人才的投入，寫下許多精彩的故事。《我們，創愛的業》一書出版，記錄三十個社會企業創業家愛的緣起，分享他們創業的理念、艱辛及甘甜之處，不追求傳統創業獲利成功光環，而期待回饋社會，這一場企業革命在台灣持續動員著，未來發展不可限量。誠摯地想提出兩點呼籲：

其一：社會企業的定位不應再是幫助弱勢、解決社會問題，而應調整成為提供公平機會，讓更多人的才能、創意、價值，透過社會企業建構的供需鍊結平台，能夠學習技能、進而發光發熱；讓人類社會因資源資訊不平衡而產生的落差縮小，並且將許多地區、人群未開發的動能點燃；不以一種濟弱扶傾的互動或救助的心態出發，而是為公平共享共榮的合作做好橋樑。

其二：社會企業以愛創業，創愛的業，希望有志於此之創業家，珍惜尊重這股企業清流，勿忘初衷，堅持理念；深深期許以愛為名而僅行追求利潤之實的現象不會出現，社會企業不會變調走味。

期待這群以愛創業的企業家們，創愛的業、傳愛的念，在此對他們獻上無限祝福，希望他們以更多的創意、更前瞻的思維、更有效率的經營模式、更貼近問題的熱情，持續為社會端出一道道令人驚艷的好菜。感謝中經合董事總經理朱永光關注社會企業的發展，以及綠園執行長林芳盈紀錄這三十個值得傳頌的美好故事，也期待她下一本社會企業地圖書籍的出版。

社會企業成功方程式

生產力建設集團總經理
張老師基金會董事　張芳民

好友朱永光總經理告知《我們，創愛的業》即將出版，希望我提供一些想法。接獲初稿後品閱再三，簡直時光交錯回到未來般的新鮮又澎湃，看到自己年輕的理想影子。一九八五年，我追隨華人生產力之父石滋宜博士致力發展台灣產業，在經濟部及中國生產力中心先後推動「自動化服務團」、「提高生產力運動」、「全面品質提昇運動」等計畫案。在執行的過程中，我們不依常態，由政府預算編列執行，而是以社會企業的觀點，用創新的商業模式突破財團法人經營模式；以自給自足為目標經營中國生產力中心的未來。看到本書主人翁——社會企業創業家的理想，我已瞭然台灣競爭力的未來主流力量。

《經濟日報》伴我職涯發展，當連載「創愛的業」專欄時，更令我欣喜。鄭秋霜總監及杜瑜滿主編將媒體對社會的關懷，以報導台灣社會企業的萌芽引領學習為己志，實感佩服！今年初，我因擔當台中張老師中心主委四年，一直以蛻變突破經營，引起張老師基金會董事長張德聰博士的重視，他特囑咐我以社會企業為藍本引領張老師專任領導幹部深度學習。此專欄即成為最主要的教材之一。《我們，創愛的業》內容涵蓋之廣：從改善小農生計、協助弱勢自立、發展青幼教育、倡議綠色環保、致力族群關懷、啓動國際參與等，可說是創立台灣社會企業的典範地圖。如此豐沛的新力量，正是創造台灣社會環境改變的契機，我們諄諄地向這些充滿創新思維的伙伴致敬，也成為我們學習的對象。

日前本書主人翁之一——「天空的院子」創辦人何培鈞，受邀到台灣盛和塾演講，全場掌聲不斷。回想我擔當勞動部多元就業方案與培力計畫審查委員，去年審查「小鎮文創」時心中的悸動那一幕，正如今天我傾閱《我們，創愛的業》一書受到每一位社會企業創業家生命的張力感染；「愛一家親」陳瑞珠說：「當大家一起好時，才是『真好』。」施明煌則說：「在台灣糧食自主運動中『喜願』都可以輸，但有一件事一定要贏，就是要贏得『尊敬』。」「WBR」團隊說：「我找回了自己心中的太陽、企業主的善良、讓雙輪轉出非洲的希望，這份群體的善意共鳴，讓我感受到自己重新燃燒的熱情。」林崇偉則說：「我們智慧科技應用展開了一趟設計『友善城市』的社會創新旅程。」這一串美好的燦爛生命光環將是閱讀本書的生活享受與生命啓迪之養分。

綠園執行長林芳盈正是本書發光發熱的骨幹，不只策動了社會中堅分子的投入，共同推動美好社會的未來，這份老天賦予的專有人生資產，正不斷地努力散播社會企業種子，用優質商業力量改善社會問題。衆志成城「社企流」創辦人林以涵匯聚多元智慧成立「知識中心」建立「交流中心」推動「育成中心」這都是社會企業年輕一代必修的課程。然而再如何努力，請務必相信「活水社企開發」提倡的十項核心價值及以「利他」的哲學實踐！

最後僅以恩師稻盛和夫的成功方程式分享大家：成功＝正向思考×熱情×能力。相信正想閱讀本書的你，以這三十個創愛的業為師，你也必然很快進入社會公益企業的成功門檻；你已知道「人為什麼活著？」

為愛創立社企，因愛轉動世界

行政院政務委員　馮燕

社會企業，一個讓世界更美好的「解方經濟」，每個在一般人眼中的社會問題，在社會企業家眼中卻蘊藏商機。過去，很多人總認為企業以賺錢為目的是種罪惡，只會製造社會貧富差距的問題；現在，社會企業家試圖以創新的企業手法解決社會問題，讓責任消費形成改變世界的公民運動。

用責任消費改變世界，有可能嗎？從早晨起床一杯來自社會企業的公平貿易咖啡開始，你的消費就開始改善了第三世界國家咖啡農的生活；換上環保材質製成的衣服，你的消費減少了垃圾的製造、讓我們的地球更長壽；午餐享用來自在地農友種植的有機蔬菜，除了讓過去過渡依賴農藥的土地有了休養生息的機會，更鼓勵農民持續投入有機耕作，換來更多自身的健康。誰說消費不能改變社會呢？社會企業讓每個人有更多參與改變世界的管道。

《我們，創業的愛》這本書，分享了三十個為愛設立的社會企業故事，讓我們有機會認識這些默默為社會付出的社會企業家，幫助讀者找到參與改變世界的管道。透過作者貼身專訪、溫暖筆觸，讓每一篇社會企業的故事，充滿了愛的力量、看見未來的希望。

身為長期關心社會問題的社會工作學者，我相信透過本書的啓發，能夠鼓勵更多年輕人投入社會企業「為愛創業」的行列，一定能讓世界更美好，推薦給關心社會企業的每一位讀者這本值得一讀再讀的好書。

以愛創業，實現人生價值

台新銀行文化藝術基金會董事長　鄭家鐘

由林芳盈編著，創投家朱永光及三十家社會企業創辦人共同撰寫《我們，創愛的業》We Leverage for Good，可說是文如其名。社會企業是讓善良可以發光發熱的槓桿，人生需要Leverage，但，為愛而Leverage境界最高。書中每個社會企業都有一篇是朱永光的晤談介紹，另一篇是創辦人的自述感言，一個是客觀的描寫，一個是主觀的分享，這樣的搭配讓讀者很快看到一個故事的內外在世界，引發本身的共鳴，這種安排實為不錯的敘事方式。

三十個故事涵蓋了扶貧、環境友善、永續農業、國際志工、資訊平台、原住民自立、身障者創業與就業、社區營造、綠色科技、網路市集等等。一讀之下，才知道原來助人已經精進到這種程度，例如：一部腳踏車對非洲人的作用可能等同我們的汽車加小發財車加上工作設備；而沒有用的咖啡渣可以成為機能布料，寶特瓶變成衣服等，相關的點子真是大大開發我們助人的想像空間。這些社會企業家運用他們的才華、智慧、創意，加強了善念的輻射，真正Leverage到了企業最頂尖的能力，為「利他」而熱情付出。例如，協助弱勢最佳的方式是反向思考，把劣勢轉化成優勢，「黑暗對話」讓盲人成為正常人的老師，《The Big Issue》讓遊民成為通路商，靠自己得到就業機會。這些顛覆傳統思維、以弱為強的社企，令人讚嘆萬分！而社群支持型農業，讓小鎮成為文創與體驗基地，足以作為台灣小農的文藝復興，這些案例也令人振奮不已！對殘障及老人照護，也有很多非常體貼而成功的經營模式，令人雀躍！

筆者六月底參加尤努斯（Yunus）基金會「社會企業年會」，與來自七十個國家的社會企業推動單位、企業與個人齊聚一堂，目睹近幾年的社會企業的蓬勃發展，正呼應尤努斯的一句話：「用利他的動機創造新企業價值，是以改變世界的未來！」這條道路是再明顯不過的社會改造良方。然而，各別社會企業的效應仍然有限，如何透過一個成功的案例，「迅速擴散」，解決最大量的社會問題，卻始終是個挑戰，在此，筆者提出兩個思考方向。

第一，能否構築一個生態環境，使參與社企的每一方，都能彼此推動對方，衍生一個可擴大的循環，涵蓋生產方、消費方、投資方及其他利益關係者，均能在這場「利他運動」中扮演主動的「主角」，每個環節都是發動機，而不是用電者，這需要更具高度的看見與智慧。

第二，尤努斯由窮人銀行到社會企業的發展，之所以能生生不息，擴及全世界，是因為他用了幾個關鍵觀念。（一）Let everyone get involved：社會企業最不同於其他公益活動之處，在於無論出資方、營運方、消費方，都能參與的一個利他運動。（二）Hands holding and sharing：社會企業和社會企業之間要形成更緊密的社群，互相支持，而非單打獨鬥。（三）Create environment：從事社會企業是在塑造一個善良可以循環的環境，遠遠超過只是一個成功的營運模式或產品。

書中的台灣社會企業已經引進不少這樣的概念，並多方與國際接軌，這些都必須歸功於創業者多具有豐富的企業經驗、具備全球視野，再加上中國文化的細膩及感同身受的敏銳覺察力，確實有很多個案已具有領先國際的實力，台灣未來在世界的亮點或許就是我們的社會企業！如果你關心「生而為人的價值」，你也認為「改變世界是你的願景」，那麼，這本書告訴你：「其實你並不孤獨！」

從社會企業家身上，我看到……

國際扶輪前理事
扶輪基金會保管委員　謝三連

創業，從來就不是一件容易的事，《我們，創愛的業》一書講述三十位社會企業家的創業故事，不禁勾起我年少時身逢家變、從嘉義北上打拚的回憶。從日薪二十七元的抄寫員做起，後來到貿易公司當驗貨員、業務直到自行創業。然而，創業過程也非一帆風順，種種甘苦鮮少為外人道，但秉持著「創造機會、把握機會、利用機會」，一路歷經「幫別人提皮包、為自己提皮包、別人幫你提皮包」，從一步一腳印的學習與實做中，白手起家，開創自我與企業的價值。

有幸在一九八八年加入扶輪社，到一九九一年我擔任台北東昇社創社社長，及一九九八至一九九九年的3520地區總監，我從社團理念及社員身上獲得許多啓發，也因為自己曾嚐人情冷暖更樂於盡一己之力幫助他人、回饋社會。前幾年，我在總統府遇見自己當年資助獎學金到英國留學的女孩，得知她現在於外交部擔任要職，並擔任總統招待外賓的通譯官，她親切地問候並叫我聲Uncle，當時心中的喜悅與感動久難忘懷，也以自己有機會培養優秀的年青人為傲。隨著國際扶輪對於世界「人道」與「教育」的關懷腳步，我也曾前往孟加拉、印度、菲律賓、以色列、俄羅斯等國，參與當地扶貧、醫療等相關計畫與輔助，世界上有些地區貧窮落後的現況，沒有親眼目睹，是生長在台灣幸福環境中難以想像。

二〇〇八至二〇一〇年，我獲選為國際扶輪全球僅有的十九名理事之一；二〇一一至二〇一五年榮膺扶輪基金會全球十五位保管委員之一，代表台灣被國際扶輪賦予責任，在促進人道關懷、增進國際民間交流與友誼、建構和諧安全國際環境、提供獎學金計畫及根除全球小兒痲痺等領域，將理念化為具體行動，是我個人無比的榮耀，也得以讓台灣在國際社會服務上扮演更重要、積極的角色。

從這三十位社會企業創業家的身上，我看到扶輪社倡議的基本精神——「超我服務」及「服務越多、獲益越大」的實踐，這正是在調合「利己」和「利他」為目的的人生哲學，鼓勵我們在從事自己的職業時，除了獲取正當利潤，還能兼顧服務人群、社區及國際社會。

我也從他們的創業故事中看到扶輪社強調的五大服務，除了「社務服務」，還有「職業服務」、「社區服務」、「國際服務」、「新世代服務」，在執行上有了更創新、更有效的方式。活水社企投資開發、The Big Issue、鄰鄉良食、興采實業等創辦人善用自身的專業技能或公司本業的研發技術，光大個人職業與職志；耕心蓮苑、光原社會企業、勝利潛能發展中心、小鎮文創等創辦人則找到一套永續經營的方式，在幫助社區、弱勢族群創造自己的資源價值時，也成為被社會需要的事業機會；以立國際服務、雨林咖啡、繭裹子、BR-Link等創辦人更展現出台灣青年創業家在自足惜福之餘，不忘關懷世界邊緣的角落。富有不是驕傲，而是更謙卑的自我勉勵「對國際社會負起更重大的責任」！

我發現社會企業創業家和扶輪社還有一個共同點是：當我們看到問題時，我們不會等待別人去做，也不會要求別人去做，而是自己挽起袖子、採取行動解決它。我相信由各行各業專業人士組成的扶輪社，可以透過彼此分享資源的中心理念，成為台灣社會企業成長發展的新助力，與社會企業創業家們並肩一同為改變世界而努力。

三十顆珍珠，創造改變的起點

「綠園／Green House」執行長　林芳盈

二〇〇六年尤努斯教授（Muhammad Yunus）與創辦的孟加拉鄉村銀行（Grmmen Bank）獲得諾貝爾和平獎後，成功點燃「社會企業」（Social Enterprise）的火苗，在全球掀起一場觀念性的革命，公益與商業的界線模糊了、善與利可以連結並存的思維萌芽了，這股力量正在重塑社會服務與商業市場的樣貌。近年來，「社會企業」一詞逐漸為台灣社會所熟悉，學術界先有輔仁大學管理學院及台灣社會企業創新創業學會，在校園裡舉辦工作坊等實務講座，後有一群青年朋友創建的資訊平台「社企流」，彙整散播國外社會企業的相關資訊與案例，兩者在推動台灣社會企業發展上都有相當顯著的成效。二〇一二年底《經濟日報》「創愛的業」專欄的登載，首度有系統地引薦台灣社會企業創業家的創業理念及其營運模式到主流媒體，不但獲得讀者熱烈的迴響也引起企業界人士的關注。如今「社會企業」成為顯學名詞，正式揭開台灣社會企業元年的序幕。

社會企業創業家們左手社會理想、右手資本工具；以社會理想為體、資本工具為用，在當今社會瀰漫著的一股創業風潮中，他們的信念與作為就好比珍珠彌足珍貴。為了詳實紀錄台灣社會企業發展現況及創業家們實踐理想的過程，在各界好友的支持鼓勵及這些社企創業家的殷切期盼下，開始籌劃出版事宜，希望以集結成冊的方式，讓社企創業家們透過自我陳述，將自己最可貴的理想與創新精神永續傳承並發揚光大，正如同把散落在各處的珍珠串成項鍊，更能彰顯其價值與意義、引發共鳴；然而仍在創業起步階段的他們，也自許是珠母貝裡的一粒沙，尚需要珠母貝（社會）分泌美好的養份，才能早日散發光芒成為真正珍珠。

鑒於社會企業所倡議的精神是以商業力量及企業經營的方式解決社會議題，然而，實務上如何引進、善用企業資源，加速協助這些社會企業的成長發展，是綠園現階段的主要任務。美商中經合集團董事總經理朱永光以其過去在科技產業領域，協助新創事業開發及投資的經驗，透過台灣社會企業創新創業學會的篩選引薦，及參考社企流的國外案例資源，花一年多的時間與三十餘家台灣社會企業進行會晤訪談，過程中除了聆聽這些創業家的生命故事、創業歷程，如何用商業技巧一步步解決困難與挑戰，逐步實踐其社會理想，同時，朱總亦用提問方式，以其豐富的創業開發經驗，協助創業家再次釐清其商業模式、公司定位、行銷策略及經營管理，並將此晤談以「創愛的業」專欄方式在《經濟日報》隔週刊登，期能協助引進外界商業合作資源，加速這些新創公司的成長，即早發揮應有的社會影響力！

本書一併收錄了「創愛的業」專欄三十篇：一位商業創投家跟三十位社會企業創業家的晤談內容，以及這些社企創業家們首度深入的自我陳述，他們真誠地述說創業的甘苦、分享生命話語，有人改善小農生計、有人關注公平貿易、有人協助弱勢自立、有人振興社區經濟、有人發展青幼教育、有人致力族群關懷、有人倡議綠色環保、有人帶動國際參與，堪稱是涵蓋面最廣、代表性最高的台灣社會企業地圖。讀者將能更全面地認識台灣企業界的這股新力量，相信也可以啓發更多創新的思維與營運模式，創造社會環境改變的契機，給予當下的群眾及未來世代一個更良善的生活空間。

最後要感謝台灣社會企業創新創業學會秘書長胡哲生教授、《經濟日報》鄭秋霜總監和杜瑜滿主編的鼎力支持，以及這二十位社會企業創業家在百忙之中為本書撰寫。

《我們，創愛的業》是台灣社會企業創業、成長的紀錄，紀錄這些充滿理想與人道關懷的創業家及企業的存在與付出之努力，希望透過本書的發行，不久的將來會有更多抱持相同理念的人，用更創新的思維投入社會企業領域，屆時將出現一本以他們為主角的續集，讓我們跟著社會企業發展的時間軸，檢視這些沙粒（社會企業）是否能在珠母貝（社會）的滋養下引出它自身的美善，成為圓潤的珍珠，散發閃耀的光彩。

他們是為理想驅動、熱血滿點的社會企業創業家，

他們突破現狀、運用商業手段解決社會問題，

他們勇敢向前、用創意和行動去改善世界，

哪怕改變的只是一點點，也會為世界帶來巨大的變革！

contents

「Motherhouse」創辦人／山口繪理子

01

MOTHERHOUSE

▲

品牌：Motherhouse
產品：使用發展中國家黃麻和牛皮等天然材料，在地生產製造包包、皮件等時尚產品。

協助發展中國家脫貧

在充斥著貧窮、落後及天災人禍不斷的孟加拉，一個意識到捐款和外國援助並沒有真正觸及到當地人民實際需要的日本女孩山口繪理子，以愛創業的品牌「Motherhouse」就此產生。

打破先進國家和開發中國家的藩籬，這是一趟生命轉彎的旅程，山口

▲ 孟加拉工廠員工展現自信笑容。

決定身體力行，用商業的方式幫助發展中國家擺脫貧窮困境，因為相信就算被歸類為「發展中國家」的地方，也是有很棒的資源和潛力，每個國家、每個人，都擁有無限的潛能。

「在當地生產，將產品販售到開發國家」進而打造「在發展中國家創造世界一流品牌」的創業理念，山口結合當地的人力及素材，不斷用日本高品管標準及市場需求來鞭策自己，成功打破大家認為發展中國家生產的商品都很差的誤解，透過Motherhouse的產品，我們認識了孟加拉及其高品質的牛皮皮革、黃麻纖維，也可以購買到冬暖夏涼功效的尼泊爾純生絲。

山口發自內心的愛也落實在企業管理上，首先她學當地的孟加拉語、尼泊爾語與同事們溝通交談，激發員工的上進心，而員工的努力也在鼓舞著山口。

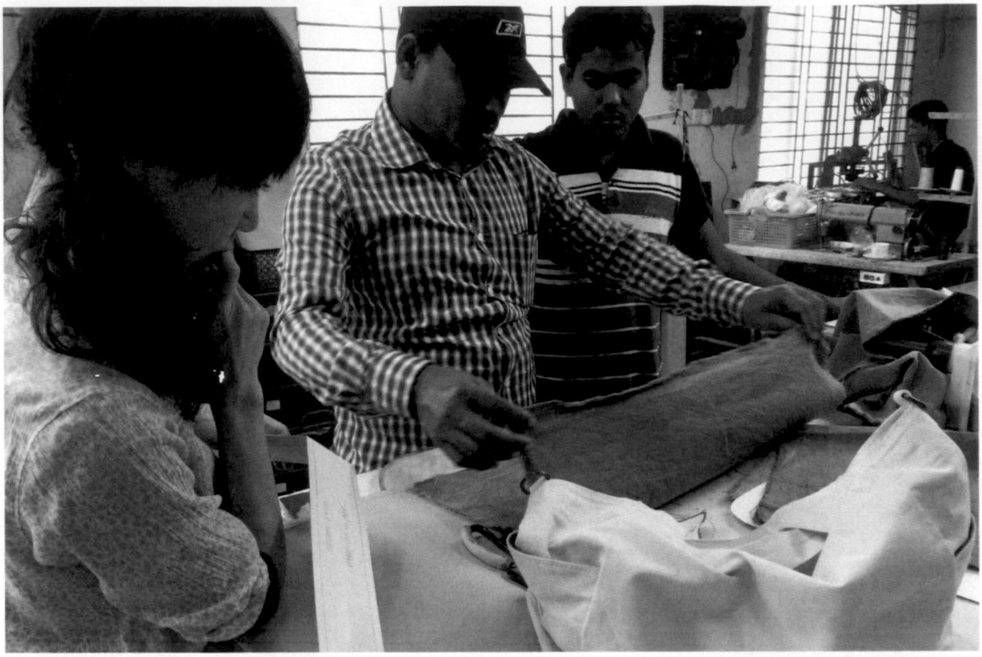

▲ 傳承日本製包工匠的手藝技術。

「Matrighor」是Motherhouse在孟加拉工廠的名稱，也意味著「讓人安心的場所」，山口立志建立起當地環境最好的製造業工廠，廠房清潔明亮，提供員工餐點、健康檢查、醫療保險和無息貸款等多項福利，在這裡你看到的是一群帶著自信笑容，相信自己可以做出打動顧客產品的手工藝人。

山口也非常注重同事之間充分地溝通，遠在日本及台灣的銷售團隊，每周與工廠開一次視訊會議，直接交流店面及顧客的回饋。

在山口的部落格中，你會看到孟加拉的員工齊聚在電話擴音設備旁，為副社長山崎唱生日快樂歌的感人照片。不分國籍、種族、宗教、性別，一群人在Motherhouse的企業平台上，努力往共同的理想前進。

讓顧客分享、體驗品牌成長的顧客關係維護，是時尚品牌非常重要的一環。山口及Motherhouse的主管、店長、各家分店都設有部落格，上面記錄著大家在Motherhouse工作的點點滴滴，從出差的飛機誤點到人處異鄉的文化衝擊，吸引了許多的關注，也從中得到顧客對商品的評價，並在設計製作方面得到啟發。

山口甚至會把貴賓級顧客帶到孟加拉工廠，讓他們與員工實際互動與對話。

▲ 讓更多人看見發展中國家的無限潛能。

看到山口創建的工廠及那一雙雙縫製產品的手，Motherhouse的產品不再只是高質感的時尚精品，而是有熱情、有希望、可以鼓舞人心的「作品」，對員工來說，這也是很好的機會可以認識顧客、瞭解是誰在使用他們親手做的包包。

每每參訪結束後，Motherhouse的員工都會更堅定自己的信念「我們一定要為顧客做出更好的產品才行。」

「以愛創業」的山口，用愛貫穿Motherhouse的經營、生產、銷售整個過程，也用愛串連起發展中國家的生產者及消費者，不需要艱澀的管理方法，也不需要花俏的行銷手段，一本初衷「創愛的業」，值得每一位創業者學習和反思。

▲ 以信任為基礎，打造「讓人安心的工作場所」。

一個「有溫度」的時尚品牌

「Motherhouse」前行銷／台北中山本店店長　金靖恩

二〇〇六年，年僅二十四歲的山口繪理子成立了Motherhouse，這個品牌的夢想，是在發展中國家創造出世界一流的時尚品牌。至今Motherhouse已經走過第八個年頭，重新回顧山口繪理子當初在素描本上描繪的夢想藍圖：

一、想要擁有自己的店面；

二、想要擁有我們自己的工廠；

三、想要完成只有Motherhouse才能完成的使命！

Motherhouse不知不覺已經擁有來自三個國家、近兩百位的夥伴們一同邁向當初所設定的藍圖。

八年前選擇走入時尚產業，透過這個人與人、國與國之間所建立的消費活動，Motherhouse想要讓世人看見，即使是被歸類為「發展中國家」的地方，還是有其獨特的資源和潛力，每個國家、每個人，都擁有無限的潛能。

▲ 總是思考著如何「取之於此，回饋於此」，擴大影響力、實踐品牌的願景。

然而，這樣的理想不該只在孟加拉實踐，這個品牌想要呈現的不只是孟加拉員工的可能性而已，要怎麼做才能在目前的基礎下，擴大影響力、實踐品牌當初的願景？

「千禧村」的一線曙光

二〇一三年初，從瓶頸中透出的一線曙光就是Motherhouse的「千禧村」（Millennium Village）計畫。

山口繪理子在孟加拉就讀研究所時期，看見發展中國家一方面期待能成為先進國家，另一方面又想要發揚自身文化，在這個「求新」與「守舊」的矛盾漩渦當中，山口滿懷感觸。

「雖然大部分的少數民族，都認為文化的流失是難以避免的，但即使再小、再少，都一定有保存的價值」山口繪理子如此深信著。

「將發展中國家村落裡殘存的手工技術，和隨著現代化而逐漸沒落的美麗圖騰，重新展現在商品上吧！」這就是千禧村計畫的構想。

千禧村計畫裡第一個被選中的少數民族，就是Motherhouse工廠其中一位員工的家鄉。為了造訪孟加拉

▲ 少數民族的手織工藝，在此得以傳承並展現新面貌。

的傳統刺繡，山口繪理子一共搭了八小時的火車、再乘坐三小時摩托車，幾經波折才來到這個偏遠的小村莊，把達卡山區裡令人驚豔的刺繡手藝帶回孟加拉工廠。

然而，要把少數民族的傳統文化，重新塑造為兼具現代感的商品，是一條非常不容易的路。再加上手工作業原本就費時費工，想要維持標準的品質更是難上加難，不過就如同過去Motherhouse也是這樣一路突破難關，工廠人員在製作這次的商品時，每個都像是「肩負重任」一般，小心翼翼地對待手中的刺繡，希望能賦予傳統技藝嶄新的面貌。

Motherhouse以自己設計的圖騰搭配Nokushikata的刺繡技藝，透過孟加拉員工的手，重新演繹這項美好的傳承。如今這個快要失傳的手藝，已經成為Motherhouse十幾間店鋪的主角，為日本與台灣顧客的生活增添獨一無二的色彩。

Keep Walking

在千禧村計畫中，孟加拉的少數民族只是第一步，在亞洲、中東、非洲……等地，還有無數民族的傳統工

▲ 受到全世界肯定的皮件產品。

藝等著Motherhouse去挖掘，一步一步建立起「來自發展中國家」的世界品牌。如同創辦人所言，「或許這在發展中國家所須面對的問題中只是冰山一角，但比起冷眼旁觀，雖然不確定能不能成功，但會感到感動、會因失敗而哭泣，這種只要一點一點前進，就能帶著笑容一直走下去的人生，已經令我滿足。」

02

「以立國際服務」創辦人／
陳聖凱

志工服務大接力

從電影《異域》開始，他意識到有一群人，在世界的角落為了生存奮戰著；在豐富的國際志工經驗中，他體認到一個人的快樂與否，跟物質上擁有多少無關。陳聖凱創辦了「ELIV以立國際服務」，讓每個人可以透過國際志工的方式，參與改變自己與世界的過程。

▲

品牌：ELIV（以立）
服務：「接力賽式」的國際志工服務，推動台灣熱血青年到海外服務弱勢社群。

▲ 為印度達利人建一個安穩的家，解脫賤民命運的枷鎖。

以立ELIV是Empowering Lives through Innovative Volunteerism的縮寫，透過「接力賽式」的國際志工模式，推動台灣青年到海外服務的社會企業。

二〇一〇年成立至今，針對兩大主軸「扶貧自立」與「氣候變遷」，已有好幾個專案由招募的志工們接力進行中，例如：「柬單牛活」、「全緬啓動」深入柬埔寨及緬甸農村部落，整農地、蓋房子、推廣有機農業栽種，今年志工們還就地取材一起建造綠色孤兒院；「蒙芽之夏」則是前往內蒙古栽種、養護樹苗，減少沙漠化及沙塵暴的情況。

陳聖凱相信這樣出走的經驗，才能看到更多、更真實的世界現況，而他也見證了許多人在此過程中，反思自己過去的生活經驗和未來努力的方向，正是因為國際志工對個人、社會

▲ 與當地村民互動，隊員致贈米及物資作為回禮。

及世界所帶來的正能量，驅使著陳聖凱及以立團隊更有使命感地推廣青年朋友參與國際志工的服務。

以立的營運模式類似旅行團，向參與志工收取費用，其中也包含公司的營運成本，希望志工們是在可以負擔的時間及金錢範圍內，參與國際志工服務，也算是給自己一段難忘的假期。

陳聖凱花相當多的資源及時間實地觀察當地居民的需求、與村長溝通，但又受制於短期志工的侷限性，才有「接力賽式」的國際志工模式產生。

這次花兩個月蓋豬舍，下次挖魚池、闢果園，整體提升貧窮村落的生活品質。國際志工們常常會感慨自己微薄的力量無法真正改善這世界不平衡的情況，也常常會質疑自己在落後國家的付出，是否只是換得一種自我感覺良好的興奮情緒，但以立的服務計畫完全消除了這樣的疑慮，長期在地耕耘加上承先啓後地出團接力，建立一套可行的運作模式，為地方帶來永續的建設。

相信勞動才是短期志工最實際貢獻給當地的能力，以立的服務計畫有別於其他教育型的志工團，不是只做表面的教學、陪伴工作。

▲ 在偏遠村落推廣衛生廁所，改善健康問題：隊員正在為村民建造廁所。

「我們的志工服務絕對是最辛苦的！」陳聖凱笑著說。但數字會說話，以立吸引來的志工人數從三年前的五十人增加到今年的七百人，去年一個暑假才蓋好一棟房子，今年則一口氣蓋了八棟，加上有七成的團員都是實際參與過的志工口耳相傳介紹來的，陸續也有企業主特別補助員工參與，更有農業教授及建築設計團隊主動加入。

事實證明，志工們確實在其規劃的勞動過程中，得到前所未有的滿足感，也喚醒了自己親近大自然的本性，另還能學習到農耕、建築的基本常識。

在都市人汲汲營營的空洞生活中，ELIV的志工服務確實是一趟物超所值的身心靈之旅。

以立是台灣目前唯一一家以社會企業型態永續經營、無接受任何政府補助或民間捐款而提供國際志工服務的機構。從產品及顧客面向來看，創新的「接力」志工服務計畫，為當地帶來實質的改變，也讓志工個人得到高度滿足感，進而成就公司營運的成長，這一股愛與善意的力量不容小覷。

▲ 跨越邊界、戮力工作後，我們平常為自己設下的肢體界線也都不重要了。

認識自己，飛往世界邊緣

「以立國際服務」創辦人　陳聖凱

消費主義當道，告訴人們：擁有更多物質才能快樂。為了擁有更多的物質，人類過度開發和污染天然資源；而喜新厭舊的速食文化，又讓社會生產出不堪負荷的垃圾。世界貧富兩極化、氣候變遷帶來的痛苦和災害，讓人類對未來感到焦慮。

以立的創辦團隊，觀察到這個與人類存續相關的重要問題，社會大部分人因為無能為力，只好寄望政府和國際組織的小部分人去力挽狂瀾；另一方面，鼓吹汰舊換新的商業主義，卻促使人們盲目追求享受和便利，不自覺的成為製造更嚴重的失衡的幫兇。

成立以「國際志工」為主要業務的社會企業，以立的目標正是為了讓更多人能走出台灣，親身進入赤貧的生活、生態失衡的前線，從服務中領悟我們現有生活的美好，讓每個人可以透過國際志工的方式，參與改變自己與世界的過程。計劃皆圍繞「扶貧自立」及「氣候變遷」兩個主軸。

▲ 這片內蒙沙漠曾經是一片草原，我們在此種下樹苗，讓大地重返綠意。

初生之犢的幹勁，轉化為成熟深耕力量

二〇一〇年當時二十六歲的我以及香港國際律師事務所擔任金融律師的周曦翎（Helene）共同創辦以立國際服務（Empowering Lives through Innovative Volunteerism, ELIV），帶著其他年輕人衝出台灣，飛往世界的邊緣地帶進行志工服務。

提供國際志工服務的組織，絕大部分是泛政府機構、民間基金會或大專院校的學生單位。以立是唯一一家以社會企業型態永續經營的組織。

先行者們創下的「國際志工」的萌芽風氣，讓台灣對這種歐美盛行的志工服務有初步認識。然而，許多國際志工計劃只專注在參加者的體驗，但缺乏對當地深入的了解和計劃，於是當地的工作可能僅限於一年一、兩度的團康唱遊、軟性教學。

我們期待創造的社會影響是雙軌並行的——要為當地帶來持續不斷的投入和建設；也要讓參的志工了解和感受到失衡情況的嚴重性。我常跟夥伴說「能幫助世界變更好的人，也是能幫助台灣變更好的人。」讓大家從最謙卑的勞動工作開始，更能啓發每一個人都可以創造改變的想法。

▲ 能幫助世界變更好的人，也是能幫助台灣變更好的人。

以立未來的成長策略及計劃

以立是一家社會企業，參加者繳交的費用，都很實在地投入於在當地的計劃和發展。目前以一家新創的社會企業來說，如果要以立達到千萬盈利，再以盈利的部分去投入更大型的當地發展，進度一定會非常緩慢。

參考許多國際案例如何面對這個社會企業的常見問題，許多均採用「社會企業」與「基金會」兄弟並行的模式。以立社會企業自負盈虧，一切虧損由股東承擔；以立協會則接受外界捐助，我們計劃協會能成為「零行政費」的善款機構。大家通過協會捐助一百元到當地，一百元都能用在當地工作，加速社會正向改變。

目前以立的服務地點有柬埔寨、印度、內蒙古、緬甸。對於未來的規劃，以立注重的是改變的深度，而不是地域的廣度。希望做到世界級的社會企業，要長期和深遠地改變當地的環境、及改善我們所關心的議題。

▲ 我們也看見自己能為世界做的還有更多。

03

「活水社企投資開發」總經理／陳一強

活水社企開發
Living Water Social Ventures

品牌：活水社企開發

服務：開發改變社會的投資機會，能自給自足、可持續擴展，並且連結社會創業家與社會投資者兩端，與他們一起發展值得被投資的社會企業商業模式。

灌注台灣社企新活水

六年前家中誕生的小生命，被陳一強視為是上帝賜予他生命中最重要的禮物，感恩之餘，也開始省思要如何善用自己多年企管顧問的專業，回饋社會、改變社會，「活水社會企業開發」是他具體實現目標的起點。

▲ 若水時代與夥伴們的照片（左到右）：Jossy, Ray, Mico, Tom, Penny, Kevin

新投資生態加持社會企業

作為台灣社會企業的先行者，在國內各項推動社會企業的創新、創業活動中都可以看到陳一強熱情的身影。

二〇一一年創立「活水社會企業開發」，希望結合自我專業經驗及人脈，為台灣社會企業建構出一個完善的創業、投資生態，加速社會企業的形成與發展。

陳一強將活水定位為一個「開發社會企業的平台」，一方是充滿理想並以解決社會或環境問題為使命的社會創業家，活水提供資金、商業模式、產業資訊等育成服務，讓他們的創業可以事半功倍；另一方則是擁有資源、資金的社會投資者，活水提倡用投資取代捐贈，為出資者打造高度透明的投資架構，並邀請主要出資者擔任諮詢管理委員，實際參與社會企業的開創與營運。

雙方在活水平台共同開發可改變社會的創新商業模式及投資機會，能自給自足持續擴展，如同活水湧流生生不息。

現行台灣法規的制度下，對社會企業的發展有相當多的限制，為了能兼顧企業營利與社會關懷，陳一強發展出一套引進私人資本、創立非營利社會型公司的創新投資模式。「非營利社會型公司」是由代表私人資本的社會創業家創立新公司或由原有的企業轉型，而後將公司大部分的股權捐給非營利組織，成為公益股權，使公司獲利流向非營利組織，跳脫企業不以利潤最大化的目標，實現解決社會問題的理想，之後再以特別股的方式增資，吸引社會投資人，這樣一來就不會稀釋非營利組織持有的股權，對投資人而言這不是慈善捐款或借款，不但有機會可以拿回原始資本，還可以優先獲得配發股利。

這樣的投資模式成功地將社會創業家、天使投資人、非營利組織及社會投資人結合在一起，也引進更多的資金活水注入，有效地促進社會創新與創業！

「好工作」庇護弱勢團體

雖然社會或環境的問題相當廣泛，活水尋找投資開發的主要議題包括弱勢者就業、無障礙旅遊、小農生計等，商業營運上是可以自給自足，並且具有可複製性，都是具備成為投資標的的條件。「好工作社會企業」是活水投資開發的第一家企業，也是在上述投資架構下的台灣第一個非營利社會企業公司。

「好工作」為弱勢團體及庇護工場行銷、販售客製化的產品。目前主要是與勝利手工琉璃庇護生產中心合作，擬定手工琉璃產品的行銷策略、開發企業客戶及與其他機構洽談長期合作事宜，接獲訂單再生產的零庫存營運方式，大大降低庇護工廠成本及營運風險，也讓廠內身障人士更專注於產品產製。

目前依規畫進行第二階段→以發行特別股方式增資，也將是第一個台灣社會投資的實例。

近幾年來，台灣社會企業的風潮一波一波吹起，從青年學子的教育、社會大眾的宣導到政府法規的建言，陳一強都是幕後的大推手。我們看到台灣的社會企業就像他另一個孩子般，在他的愛及細心呵護下不斷地成長、茁壯。

開發改變社會的投資機會

「活水社企投資開發」總經理　陳一強

動心起念

點燃心中的火炬，必須回到二〇〇六年秋天，與家人期盼多年的Jeremy終於來到這個世界。這是上帝對我們禱告的應許，加上中年危機、健康已經亮起紅燈，頓悟之下，我決定改變原有的生活慣性與工作型態，開始思考如何運用過去十五年的管理顧問經驗來開創新的事業。此時，社會創業（Social Entrepreneurship）已在全球萌芽多年，而二〇〇六年底尤努斯與鄉村銀行得到諾貝爾和平獎，更讓我確定這是人生值得投入另一個十五年的志業。

動心後的第一個行動始於二〇〇七年春天。非常感謝母校，輔仁大學管理學院的楊銘賢前院長、現任的李天行院長及許培基副院長，願意接受校友張子揚先生與我的提案與捐贈，在輔大管理學院之下，設置了一個「社會公益創業研究計畫」，啟動了當時仍乏人問津的社企學術研究。

緊接著二〇〇七年夏天，我參加了由趨勢科技創辦人張明正先生與資深媒體人王文華先生共同創辦的「若水國際」（Flow, Inc.），從志工做起，並於二〇〇八年春天正式加入若水。非常感謝這兩位社企的先知者與先行者，透過實際參與、對話反思，幫助我更深入地認識了自己的優缺點，並且廣泛地接觸了非營利組織、創業家及創業投資界的先進們，有幸一窺台灣社企發展的前景（Landscape）。

加入若水前後這段期間，原來管理顧問公司的其他幾位合夥人HL、Andrew、Jessica及Eugene給了我最大的支持，不但提供三年留職停薪，公司還以一日志工的方式，支持當時我所協助的社會企業，這些祝福都是點滴在心頭，令我銘記在心。

二〇一一年春天，我離開若水之後，隨即與段樹仁先生共同創辦了「活水社企開發」（Living Water Social Ventures），但一直沒有設立公司。此前，我是樹仁在教會的志工，曾參與他發起的「方舟計畫」，協助做小生意的弟兄姊妹渡過金融海嘯的難關。樹仁是前金控公司投資長，總能一語道破問題的核心、找到結構性的解決方案。為了探索社企發展的趨勢，我們還專程到香港參加微型金融研討會，從引爆全球社企風潮的源頭、因尤努斯而興起的產業開始研究起，而樹仁也成為了活水的志工。志業起頭時，能找到互補又彼此造就的好夥伴，實在非常幸運。

至二〇一四年春天為止的三年期間，「活水社企開發」總共與八家公司型社會企業（或稱社企型公司）建立了類似與「好工作社會企業公司」般深淺不一的夥伴關係。透過提供諮詢、介紹生意、引薦經理人、引介投資人，活水真實地參與了這些公司的治理與成長，努力成為他們的好幫手。

待〈灌注台灣社企新活水〉一文在《經濟日報》「創愛的業」專欄發表之後，二〇一四年春天樹仁轉赴上海任職，我有緣與創投界的前輩鄭志凱先生及其他三十七位來自不同專業領域的股東，在協合國際律師事務所資深顧問吳必然律師的協助之下，共同發起設立了「活水社企投資開發公司」（B Current Impact Investment），成為專門投資社企型公司的「影響力投資基金（Impact Investment Fund）」。鄭先生與其他發起人，不但願意投入資金，並提供創業者所需的專業與網絡，積極協助活水有意投資的社企型公司轉型成為可以被投資（investable or investment-ready），而這又是另一個實驗的開始。

發現問題

回首過去七年，社會企業在台灣，歷經了播種期，正進入百花齊放的萌芽期。處於這個階段，最大的障礙，在於是否可以建構一個滿足社會創新創業種子萌芽茁壯時所需的生態系？有了健全的生態系，才能導入新的民間公益資本，不求最大化股東報酬，但求回收本金、循環運用。否則，一旦萌芽後，如果沒有充沛的民間資金如活水不斷澆灌，社企勢必走回依賴政府補助或企業認捐的老路子。

至於建立生態系的挑戰，在於每一個內在環節都必須彼此相連、正向增強、循環不息。例如：社群建立→創新育成→資源連結→創業投資→再社群建立。這也剛好對應了社企發展的生命週期，例如：創立→生存→成長→增資→再創立。但要成就完整的生命週期，還需外在環境的配套與滋潤，包括學術研究、媒體傳播、專業服務，以及政策法規等的配合，都必須更加創意化與專業化，才能導入新的民間公益資本。

面對前述類似挑戰，歐美印等先進國家已有前例可循，相信只要產官學各界願意合一地追求，必定可以把台灣的社會企業做多、做強、做大。

尋求使命

為了引進前述新的民間公益資本，「活水社企開發」的使命定為：開發改變社會的投資機會，也就是能自給自足、可持續擴展、具創新精神的公司型社會企業。在活水，社會企業指的是一個用商業模式來解決社會或環境問題（通常源自市場失靈或政府失能）的組織。例如：提供弱勢所需的產品／服務、創造弱勢的就業機會、採購弱勢的產品／服務、提供具社會責任或促進環境永續的產品／服務，以及提供更有效運用資源的技術／產品／服務等。其盈餘主要用來投資社會企業本身的成長、繼續解決社會或環境問題，而非為出資人或所有者謀取最大的利益。

「活水社企開發」對投資的目的很執著，希望創造不求最大化股東報酬，只求回收本金、循環運用的民間公益資本，但手段卻很多元，有的是先找到天使投資人創立公司之後，再把股份全數捐給非營利組織，成為「非營利社會型公司」；有的是投資股份，同時要求導入符合社企精神的股東協議書、公司章程與董事會；有的是提供策略與財務諮詢、以社企名義登上創櫃版；有的則是協助找到對的人才、發展業務；有的則是設計以發行特別股增資的模式、創造股東回收本金的機會。

延續前述部份「活水社企開發」的理念，新成立的「活水社企投資開發公司」除了將實際驗證「影響力投資基金」的運作與績效、形成創業家與投資人的群聚效應、促進群眾募資模式、探索可能的退場機制之外，更希望能與所投資的社企型公司，共同追求以下十項核心價值，不但做公益，也要行公義（雖然很難，但值得一試）：

一、運用商業模式解決社會或環境問題，但不求股東報酬最大化

二、決策考慮利益關係人及環境保護、願意分享及創造共享價值

三、努力發展能自己自足、可持續擴展的創新能力及社會影響力

四、善用盈餘、改善營運並擴張、創造股東回收投資成本之機會

五、重視治理機制、迴避利益衝突、發揮董事會及獨立董事功能

六、維持高度透明、財務報表經會計師簽證，並繳納應繳之稅款

七、遵循政府法規、提供依據可接受國際標準所編製的公益報告

八、競爭但不以侵害或犧牲其他個人或組織利益以增加己方利益

九、積極與非營利組織、營利公司及其他公益公司共創多贏機會

十、勿忘初衷且心懷喜悅

展望未來

台灣有非常優越的社企發展環境與條件：熱情有愛的鄰舍、成熟的公民社會、蓬勃的中小企業、草根的民主制度、更有一群已進入退休階段的企業創業家與跨國經理人。環顧東亞各國，可能沒有一個地方像台灣一樣，同時具備以上五個條件。但是很可惜，我們缺乏的是異象、是願景、是謙卑、是企圖心、是共同的目標，往往不自覺中，被潛意識裡的意識形態或理所當然主導了一切。也因此，創造了第六個條件：在可預見的將來，因市場失靈或政府失能所產生的社會與環境問題，只會多、不會少。這讓我更相信，在台灣，還進入不了主流的社會企業，透過創新與創業，必將成為影響多數的關鍵少數。

我個人最大的心願之一，就是試著從Jeremy的眼中，夢想能為下一代所帶來的轉化，也相信社會企業將與他一起快樂地成長，直到有一天，所有的企業都成為某類型的社會企業（那時，這世界就沒有所謂的社會企業了）。更願上帝祝福這地！給予這世代更多參與社會企業發展的機會，得以發揮天賦（Gifts）、尋找天職（Calling）並善盡代管之責（Stewardship）！

04

「黑暗對話」總經理／蔣筱鈺

突破殘疾障礙

著名聾盲作家海倫凱勒曾經希望上天賦予她三天的光明時間，讓她好好感受世界的美妙，而在「黑暗對話」有一群視障同胞想要將這黑暗體驗推薦給台灣的朋友。

「黑暗對話」（Dialogue in the Dark, DiD）一九八八年由德國社會企業

▲

品牌：Dialogue in the Dark（黑暗對話）
服務：以黑暗為媒介，提供專業的體驗式學習及企業內部訓練、領導力課程規劃等。

▲ 在視障培訓師的帶領下，完成一場開啟感官與心靈的黑暗工作坊。

家Dr. Andreas Heinecke創立，是一項獨具創意的教育體驗專案，經由盲人或弱視的培訓員引領，在完全黑暗中經歷各項遊戲及體驗，以體驗館、工作坊、品酒會、音樂會等模式營運，至今已擴及一百六十個城市，超過三十個國家、六百五十萬人次參與過這個令人感動的體驗。

二〇一二年財團法人愛盲基金會取得授權，正式將「黑暗對話」引進台灣。

目前在台灣「黑暗對話」以提供企業及機關培訓的工作坊課程為主，在視障培訓師專業的指導下，體驗極端黑暗的異常情境，藉由完成簡單的遊戲任務，來覺察不自知的內在慣性及潛能，進而反思自身的領導及溝通能力等問題，往往帶給參與者莫大的心靈震撼和人生啓迪，也更進一步體會視障者的天賦與能力，這亦是「黑暗對話」的創辦初衷——改變社會對視障和殘疾人士的態度及理解。

▲ 手持白手杖，從感同身受的體驗中喚起對殘障朋友的同理心。

台灣「黑暗對話」總經理蔣筱鈺於二〇一二年三月加入團隊，之前是IT產業的高階主管，今將三十多年的企業管理經驗、豐富的人脈資源及對工作的熱情活力，帶到「黑暗對話」。他將「黑暗對話」定位為價值傳遞的平台，視障培訓師才是平台上的主角，為提升課程品質、強化學員的反饋成效，培訓師們除了接受德國總部的專業訓練，蔣筱鈺另外加強他們的觀察力及表達力，實質上提升培訓師們的自信及工作能力，巧妙地反轉培訓師們的心態，從被幫助者轉換成幫助者。在尊重每一個個體生命的前提下，視障者在「黑暗對話」發揮了他們獨特的能力和無窮的能量。

在市場行銷方面，蔣筱鈺則將工作坊的策略鎖定為企業及政府機關，開設體驗課程，並以優惠價格邀請各公司行號人資訓練主管參加，達到推廣課程的目的。根據調查顯示：所有的訪客仍清晰記得在體驗館內的經歷，九成的訪客則加深了對視障人士需求的認識。蔣筱鈺也在積極尋找適合的場地及資源，希望早日能把這充滿創意及啓發性的體驗館經歷，帶給台灣民衆。

「黑暗對話」在國際上是一個非常成功的社會企業，並被世界經濟論壇列為常規項目。它將明顯的殘疾

▲ 殘障朋友只要在適當的位置，缺點就能變優點、弱勢反轉成優勢。

劣勢轉化成為潛在資產，不但為視障人士創造更多元的就業機會，也建立起傷健共融、交流的平台，整體提升社會對不同文化、觀點的認知及包容。

從商業經營的角度來看社會企業的未來發展，非常需要企業界專業人士的加入，他們在實務上的管理及營銷經驗，可為公益理想注入新的思維及管理方式，帶來持續性的成長。我們相信隨著愈來愈多商業人士和專業經理人的加入，台灣社會企業在孕育、發展的過程中將能得到更多、更豐富的養分。

▲ 一個念頭、一段機緣，蔣筱鈺跨入新領域，開啟不一樣的人生下半場。

「從心／重新」看世界

「黑暗對話」總經理　蔣筱鈺

如果您從來不曾在全黑的環境中上過課，您可以想像一下那樣的體驗會不會很有趣呢？當您的視覺被關閉時，您的其他知覺會不會被放大呢？有沒有聽過「視而不見、聽而不聞」？如果您上膩了一般的課程，那麼建議您打開心門，體驗一次黑暗對話工作坊，很可能您會認識另外一個自己，也可能就此產生自發性的改變。

黑暗對話就是藉由關閉視覺，操作黑暗與光明、幫助者和受助者的反差，來製造出「自我察覺」的情境，因為我們深信唯有如此，才是啟動改變的最佳路徑。多數人都是「江山易改、本性難移」，唯有發現自己有迫切的需要去改變時，才會啟動改變。或許您覺得以上的解說不清楚，但這是因為越不清楚的人，上課的收穫越大，等到您親身體驗之那種驚奇與震撼之後，就會了解黑暗對話為什麼要賣關子。

我們的經營模式是創造學員、企業、培訓團隊、工作團隊、家庭多贏的方式，在遊戲活動中達到產生自我改變、支持社會公益、創造價值交換平台的目的。雖然

▲ 口碑相傳，在台灣掀起一波黑暗中學管理的熱潮。

黑暗對話成立於一九八八年，直到二〇一一年才引進台灣，但是這三年當中我們經歷了一次又一次的蛻變，讓課程品質昂首於業界，也讓團隊成員不斷的成長茁壯，進而客戶的口碑介紹越來越多，我們惜福感恩之餘，也開始公益回饋，真真實實的在落實社會影響，也吸引更多理念相同的人共同參與，我們除了感謝！還是感謝！

當然我們也有一些挑戰和挫折，其中最讓我們受益的，就是滿意度調查。多數人都是客氣不願得罪人，所以一般問卷式調查不太容易得到真實的意見，聽到別人講好話總是開心，但業績總是令人擔心。只有當我們擺脫自滿，把目光焦點放到學員身上，提供對的養分的時候，我們才看到學員課後遲遲不肯離去，與隨之而來的訂單，這才確信我們做對了。而最重要的改變，是來自於課後拜訪客戶，客戶提出建議，雖然每一句實話都很扎心，卻都是促成蛻變的原素，為此，我們感謝每一位給予回饋的天使。

在二〇一三年還有一件事讓我們很難過，就是我們當中有一位培訓師郭淑琪已經息了世上的勞苦返回天家，淑琪姊生前幫助很多人從「心牢中」釋放出來，用充滿陽光溫暖的陪伴，把自己的不幸變成上天的恩賜，

▲ 偏鄉巡迴，讓幼小的心靈萌生更多不一樣的美麗火花。

把祝福分享給周遭的每一個人。即使她知道自己得到了癌症，仍然掛心在黑暗對話的課程研發，並且接受愛盲基金會的採訪，將自己的生命故事轉換成文字，延續對世人的關愛。在書中記載著她的話，「如果你的內在沒有缺口，任何語言都傷不了你」，這句話，在錄製有聲書時，又再加深了對淑琪的懷念。事實上，淑琪從未真正的離開黑暗團隊，因為這裡仍充滿了對她的懷念！她經常讓我省思，若是拿掉了世俗的功績，那麼我還剩下什麼呢？

另外想提的就是「初衷」，每個人加入團隊的原因不同，但為了錢而來也會為了錢而去，為了名而來也會為了名而離開，唯有為了「價值認同」而來的，會為了黑暗對話堅守著「初衷」而緊緊的凝聚在一起。看到學員受益導致企業受益；聽到培訓團隊能力提升，進而在職場上表現更加亮麗耀眼；工作同仁因為搭建這個「價值交換的平台」，而產生的「價值」與「社會影響」就是在實現我們的初衷。黑暗並不可怕，在其中我們會發現到自己的盲點，回到光明我們就可以「從心／重新」看世界，只要勇於挑戰黑暗，相信一切就會更好。

▲ DiD團隊持續開創更多「黑暗」的可能性。

05

「大智文創志業」總編輯／李取中

THE BIG ISSUE
TAIWAN

▲

品牌：The Big Issue（大誌雜誌）
產品：雜誌內容以社會議題、時事與藝文為主，由街友或社會弱勢族群在各大捷運站出口附近販售。

助街友重獲新生

「The Big Issue大誌雜誌」是一本專門交由街友及弱勢人群販售的街頭刊物，二〇一〇年四月由創辦奇摩與樂多網的「網路新貴」李取中正式引進台灣，短短兩年多的時間，每月銷售量已達三萬本，這樣的成果可視為

▲ 街友透過 The Big Issue 找到一個自營生計的機會。.

台灣公民社會發展邁入成熟階段的一大指標。

The Big Issue起源於英國倫敦，由美體小舖創辦人John Bird及曾有過流浪街頭經驗的友人Gordon Roddick共同創立，選擇以社會企業的方式，幫助街友們獲得穩定收入，給予他們自力更生的能力與重返社會的機會。

自一九九一年成立至今已經有二十二個年頭，雜誌內容含括時事、社會議題及藝文資訊，目前在英國、日本、澳洲、韓國等十個國家以不同版本發行。

大誌雜誌在台灣零售價一百元，其中五十元是販售者的收入，另五十元則用來支付印刷、人事等營運費用。而有意願成為販售員的街友，則需要接受簡單的輔導訓練、簽署行為規範，並由大誌提供橘色背心、識別證及首次販售的十本免費雜誌作為「創

▲ 源自於英國，「A Hand Up, Not A Hand Out!」口號，要街友把手舉起來（賣雜誌），而不是把手伸出來（領取救濟）。

業基金」，在指定的時間及捷運站出口處手持雜誌銷售。目前已由台北大都會區擴展至桃園、台中，街頭販售員約六十五至七十名。「把手舉起來（賣雜誌），而不是把手伸出來（領取救濟）」，是李取中想要承擔起的社會責任。

李取中為《The Big Issue大誌雜誌》做了明確的產品定位及市場區隔。因為銷售通路的獨特性，李取中首先深入了解全台灣街友的生態、區域分布、相關的主管機關及提供街友協助的非營利組織，也進一步分析台灣主要公共運輸系統的人流量及年齡層，將大誌定位為綜合性的人文雜誌，內容以全球議題、藝文、時尚、設計及科技為主，並鎖定二十至三十五歲的Y世代為讀者群。

為了不瓜分販售員的銷售利潤，他還制定了違反常態的長期訂閱策略，一年訂閱要價三千元，但其實在街頭購買一年下來只需一千兩百元。

李取中輕鬆地說「這就是社會企業的精神所在，要的不是做大規模或營業額，而是你關注的社會問題得以解決、改善，並引起大眾的認同與關切。」

在雜誌內容及編排設計上，八十頁雜誌網羅來自世界各地專欄作家提供的第一手報導及觀察，讓台灣的年

▲ 台北販售點多在捷運附近，經過時別忘了給他們一些支持與鼓勵。

輕人不僅能有全球化的視野，也能掌握當代的潮流趨勢；雜誌的版面設計上亦充滿創意與質感，符合Y世代的思維及品味。「他們是一群主導台灣未來發展的重要力量，期望大誌可以發揮媒體的影響力，讓台灣社會能夠走向更值得期待的未來。」

正如李取中一直強調的，他們所販售的是商品，不是憐憫與同情，因此雜誌本身必須具備相當的可看性及競爭力，才可能永續經營。另外，對於販售員來說，在捷運站外風吹日曬所得的收入，是他們付出勞力的成果，絕不是愛心或捐獻。

毅然決然從網路平台跨界到實體雜誌的出版發行，李取中投入的不止是一股熱血，還有他豐富的創業及市場經驗，為產品設定一個明確的定位。《The Big Issue大誌雜誌》短期間內獲得讀者的共鳴，其來有自。

我喜歡看到讀者從我手中買到雜誌時，高興的表情。

▲ 結合了商業模式與照顧弱勢，是台灣第一份以社會企業角度出發的印刷品。

一本屬於愚人世代的雜誌

「大智文創志業」執行長／總編輯　李取中

The Big Issue（TBI）是一本創始於英國倫敦的雜誌，自一九九一年成立至今已經達二十個年頭，雜誌內容涵括時事、社會議題、藝文及娛樂資訊，目前於英國、日本、澳洲、韓國等十個國家以不同的版本形式發行。特別的是，這份刊物的通路，是透過Homeless及社會弱勢族群來販售。

TBI的存在，提供給無家可歸者和社會弱勢的人們一個工作的機會，讓他們可以透過銷售雜誌給一般的民眾來賺取穩定的收入。在TBI的發行地區，你會看到穿著制服、配戴識別證的街頭販售者在捷運站外手持雜誌銷售，他們是一群經過徵選及訓練輔導的街友或弱勢族群，衡量自己的財務狀況及銷售能力，於出刊時用現金批貨，批貨成本約是售價的一半，販售所得全數歸自己所有。在英國，TBI已經幫助超過一萬名無家可歸和短期安置的人們。

The Big Issue相信的是，「幫助那些，幫助他們自己的人」，也就是提供工作機會給那些願意靠自己力量，

▲ 華山小木屋發行站：雜誌每本售價100元，其中50元是販售者的收入。

自力更生並重新站起來的人。成熟的TBI組織（例如：英國、日本、澳洲等……）通常由兩個部分組成，一個是以有限公司模式，負責雜誌內容的編輯、製作並將雜誌配送到各個發行據點供販售員批發、販售；另一個則是以基金會的型態存在，負責召募、訓練街頭販售員，並且提供給Homeless相關的支援、協助服務等工作。

大智文創於二〇〇九年底取得The Big Issue的名稱授權發行，並將中文版命名為《大誌雜誌》，於二〇一〇年四月一日發行創刊號。同年，台灣大誌加入國際街報組織INSP（International Network of Street Papers）。INSP成立於一九九四年，成員由四十個國家組成，發行一百二十種以上的街頭刊物。INSP每年舉辦年會，共同探討街頭刊物的運作以及面對貧窮議題的可能解決方案。加入INSP後，The Big Issue Taiwan可以與其他會員刊物互相分享內容，但從創刊至今，台灣的《大誌雜誌》完全採用在地自製自編的編輯作業模式，目前只用過TBI海外版大約三至四篇的內容。

在內容定位方面，The Big Issue Taiwan鎖定二十歲至三十五歲的Y世代，雜誌中將之稱之為愚人世代，我們覺得這個世代有著無畏的精神，敢於追求、探索自我，

▲ 遠赴英國取得授權，內容設計遵循市場競爭，不仰賴愛心消費。

卻又同時對社會懷抱著一份責任感。因此在內容架構部份，我們希望透過豐富的全球性議題設定，以及對於商業、科技、文化、設計等趨勢發展的掌握與報導，期待可以帶給讀者們一些閱讀時的省思與啟發。同時藉由分佈在世界各地的外稿作者們來提供當地第一手的現象觀察與彙整，希望用這樣的採編方式，可以滿足Y世代們（愚人世代）對於資訊的需求與共鳴。

在發行企劃上，我們將街頭販售員安排在台北市、新北市流量前五十大的捷運站出口外圍以及一些文教區域販售，雜誌每本售價一百元，批價為五十元。現有的發行地區涵蓋台北市、新北市、桃園市、新竹市、苗栗縣、台中市、高雄市，目前全台共計約有八十幾位販售員。除了這些地區之外，我們持續與各地的街友社福體系聯繫，並尋求資源來協助我們在中南部的進一步發展。我們期望能讓所有有意願工作的街友或社會弱勢的人們，得到一個自營生計的機會，讓他們能夠藉由雜誌的販售，重建個人的信心與尊嚴，並重新取得生活的主控權。

「Stay Hungry, Stay Foolish」是我們送給這個世代的箴言，同時也是這本雜誌的核心精神，它來自賈伯斯

▲ 創辦人John Bird（中）來台，與大誌團隊分享交流經驗。

（Steve Jobs）在二〇〇五年史丹佛大學演講時的結尾，
我們對這句話的解讀是：

保持飢餓，這樣你才能在最平凡的食物中品嚐出最自然的美味，

保持未知，這樣你才能在最無奇的事物中察覺到這世界的奧祕。

Stay Hungry, Stay Foolish.

06

「九天民俗技藝團」團長／
許振榮

九天民俗技藝團
CHIO-TIAN FOLK DRUMS & ARTS TROUPE

▲

品牌：九天民俗技藝團
產品：將民間習俗陣頭文化提昇至劇場藝術層次，成為「藝陣式劇場」新美學，展現藝陣新生命。

給中輟生更好的舞台

台灣的「宮」、「廟」常常是中輟生及蹺家少年聚集的地方，長期以來不免讓陣頭染上黑道幫派色彩。「小孩變成問題少年，不是他們的錯；而民眾普遍對於陣頭觀感不佳，也不是民眾的錯，但不可否認陣頭仍是源自台灣民間最基層的表演藝術。」許振榮於一九九五年向政府登記立案，正

▲ 戰鼓陣頭已經成為一種全新的舞台表演藝術。

式成立「九天民俗技藝團」，從多方面著手改造、創新，成功打造屬於九天的全新陣頭文化。

首先，許振榮嚴格要求團員的生活教育與團隊紀律，營造大家庭般的認同及歸屬感。同時，許振榮也刻意削減陣頭裡的宗教色彩，演出中加強了擊鼓部分，並特地請來編曲及編舞老師，增添陣頭的表演及藝術性，逐步讓傳統地方廟會的陣頭走向藝術化、劇團化及殿堂化。

如今，九天的表演足跡遍及全台，不僅多次擔綱重大慶典的主要表演，也登上了國家劇院。九天亦常受邀至世界各地巡迴演出，宣揚台灣獨有的民間藝術文化。

去年九天民俗技藝團躍上美國紐約林肯中心舞台，是繼雲門舞集、當代傳奇、明華園後，第四個受邀參與的台灣表演團體。「如果我們可以給這

▲ 熱血的「陣頭囝仔」也能闖出一片天。

些走錯路的年輕人，一個更好的舞台以及正確的方向，只要他們能夠找到自我的價值，就有機會發光發熱。」

九天也堪稱是全台學歷最高的陣頭組織。為了公司的長期發展及團員們的個人成長，許振榮強制團員完成基礎教育，並鼓勵他們完成大學學業，而他自己也以身作則，在四十歲後取得EMBA碩士學位，還立志要成為台灣第一個「陣頭博士」。

許振榮強調，早年不懂企業管理時，靠的是意志力和一股衝勁在做事，現在他可以將學到的專業知識運用在經營管理上，建立制度化的組織架構，逐漸完善人員、財務、行銷等各方面的管理，這對於九天從一個民間團體邁向企業化、專業化經營，有莫大的影響及助力。

根據真實故事改編的電影《陣頭》，確實為九天打開了知名度，但其實多年前許振榮就開始用他獨特的方式，拓展九天的市場性、建立品牌認同。

他帶著團員徒步環島、扛大鼓登玉山，二〇一一年更克服萬難，協力扛著三太子神像橫越撒哈拉沙漠，雖說是要磨練團員的心智及毅力，讓世界看見不斷挑戰自我、不向命運低頭的台灣精神，但確實成功創造話題，增加市場能見度。

▲ 扛大鼓、神偶登玉山，鍛鍊團員的體能與耐力。

現在九天積極與異業合作，跨足影視娛樂、圖書出版，與國家國樂團的聯袂演出，得到滿堂喝采。九天亦獲得哈雷機車的贊助及代言機會，認同他們是台灣最獨特的視覺藝術代表。

九天品牌效益持續發酵中，為他們串連起更多的資源，也創造更多展現的機會。

從廟口走向藝術、從民間社團走向企業化經營、從土法煉鋼的行銷方式到跨業合作的多重行銷，隨著企業管理觀念的注入，我們看到九天在許振榮的帶領下，產生了許多管理及發展上的新思維。

在英國，著名廚師Jamie Oliver創辦課程，幫助社會邊緣青少年擁有一技之長；在台灣，則有許振榮的「九天民俗技藝團」輔導、收容中輟生，改變台灣傳統陣頭文化，為中輟少年開拓一條新出路。

▲ 輪流穿著重達17公斤的三太子神偶，成功挑戰極限、橫越撒哈拉沙漠。

做對的事，連上天都會幫助你

「九天民俗技藝團」團長　許振榮

九天民俗技藝團在電影《陣頭》後，透由策略性行銷、故事品牌行銷、明確的市場定位，將經營模式規格化、制度化。而當文化藝術形成文創產業，藝術意涵與經濟效益要如何平衡？創作具專業性的優良作品、與優質企業合作，使藝文與企業相輔相成。近年來台灣逐漸脫離代工模式，許多文化品牌被世界看見，而藝術與產值如何取得平衡，進一步達到藝文社會企業，團隊的專業性不可或缺，如此才能使市場接受。

藝文組織的發展，除了表演藝術或商品創作的前端開創工作之外，也需要有企業經營管理的概念，而九天創團至今二十年，正努力朝「藝文社會企業」來發展。

九天民俗技藝團的孩子普遍來自於低成就的生活環境，這些特殊的孩子在家庭、學校得不到掌聲與肯定，他們的課業表現基本上都不是很好，但他們在表演裡得到了尊重、認同的感覺。九天運用群體式教育的力量以及營造藝術環境，來改變孩子。頻繁的表演活動，更增強了孩子的成就感以及自信心。

▲ 常受邀至世界各地巡演，宣揚台灣獨有的民間藝術文化。

我們的團訓嚴格：強迫入學、尊師重道、注重禮節、謙卑為懷……等。我個人的堅持與積極的作風，以及重視品德教育的理念，創造大家庭的歸屬與革命情感，透由正職團員與學員們長時間的生活相處，因材施教，建立孩子們正確的道德觀。來自台灣各地，有相似成長背景的孩子聚集在一起，有共同的話題、共同的感受，在九天找到自己未來夢想的目標。

「傳統民俗技藝」，讓孩子旺盛的精力有地方發洩；「學校課業學習」，充實孩子的內涵；「劇場舞台魅力」，讓孩子更加珍惜機會。

我想要送給創業者的一句話：「相信自己，堅持下去，只要是做對的事，連上天都會幫助你！」

九天藝文社會企業經營匯總表：

	族群	內容	期間
教育關懷	曙光少年（十三至十九歲）	曙光少年們實際感受磅礡的鼓聲及台灣獨有的藝陣文化，引起他們對表演之興趣，讓他們仍能正常的學習、體驗、成長。	已持續二十年
社會公益	千歲團老仙角戰鼓隊（六十五歲以上）	以澎湃的鼓聲幫長輩重拾共同的回憶，重塑生活重心與價值。	已持續三年
	桃園寶貝（三至五歲）	透過九天的專業教學，把打鼓教學融入早期療育中，為罹患自閉症、唐氏症、智能障礙或腦性麻痺的孩子建構更好的身障教育環境。	已持續一年
	全台各鄉鎮老人社區長輩	「阮來打鼓，恁來講古」打造十萬長者智慧金字塔，記錄長者語錄，號召全國青年志工寫手，記錄長者的智慧與經驗，期能激發後輩潛力，傳承優質傳統藝術文化。	從二〇一三年開始，永續經營

文化推展	全台大專院校學生（十九至二十四歲）	為了讓現在的台灣人勇敢接受極限挑戰，身體力行地了解台灣各地民俗風情文化及陣頭文化，「九天盃太子極限環台賽」，邀請全台各大專院校學生組隊參加競賽，創造屬於台灣人自己的比賽。	從二〇一三年開始，永續經營
	高中、大專學生	藝術下鄉-校園巡迴演出，透過九天獨有的青少年輔導經驗與藝術力量，本計畫結合五個相關社會行為者的優質方案，不但具有獨特（Special）、超越（Transcend）、藝術（Art）、引導（Guide）、教育（Education）的五大特色，成功將五個行為者的力量皆整合在一起，使校園得以轉化為一個美麗舞台，綻放耀眼光芒！	從二〇一二年開始，永續經營
傳統技藝傳承（師徒制）	國小、國中、高中、大專學生	與學校產學合作，依循古禮進行拜師儀式，每年約五百學生人次的教學，成立相關社團，讓台灣民俗陣頭的精神能夠在校園生根，培育更多小九天。	從二〇〇四年開始，永續經營
人才培育（陣頭藝術學校）	高雄地區中輟國中生	「廢棄學校，夢想的起點」——移植九天在臺中深耕二十年的青少年輔導經營模式至高雄甲仙區廢棄學校中興國小。有如藝術的搖籃，藉由大師藝術家駐校、專業劇場式的多元教學，提供創作空間，安穩的環境讓孩子淨心學習，進而改變行為。	從二〇一四年開始，永續經營

07

「喜願共合國」總兼／
施明煌

社區協力共生共榮

從創業「喜願麵包」提供工作機會給身心受限的朋友，到以糧食自給為訴求的「喜願共合國」，號召台灣農民們契作本土小麥、雜糧，推動社區協力農業。早自一九九九年開始，「總兼」施明煌就不斷以批判、自省的思維，用創新的商業方案解決他所觀察到的社會問題。

喜願共合國
【238自治區】
Rejoice Community Supported Agriculture Group

▲

品牌：喜願共合國
產品：台灣本土小麥、大豆及五穀雜糧所製成的麵粉、麵條、芝麻醬、餅乾、白醬油等產品。

▲ 麥田狂想系列活動，不僅生產小麥，也連結農友間可貴的感情。

九〇年代仍在製造業擔任主管的施明煌，面對台灣產業西進、生產自動化及引進外籍勞工等多重降低生產成本的壓力，必須做出決策，即是否淘汰當時負責組裝零件的保育院朋友，雖然在成本上僅僅是兩毛錢的差別，但也讓施明煌深刻檢討企業在追求利潤最大化的同時，所遺留下來的缺失，並體認人在職場上所應得到的尊重及創造的價值。他便決定以門外漢的身分投入麵包產業，開始了他的喜願人生。

「喜願麵包」的工作同仁都是身心受限的夥伴，為了讓工作夥伴順利執行麵包烘焙的工作，施明煌運用專長的工業管理，在工作流程、空間規劃、製程管理、產品包裝等方面導入標準化的概念，並在細節上花許多心思設計，以符合使用者的習性，設置告示牌、燈號或鬧鈴，不但同仁在操

▲ 喜願共和國成立，喚起民眾對於糧食自給率的重視。

作過程中更為順暢與安全，也讓自己在管理、品質控管上更有效率。

喜願生產的穀物雜糧麵包果然很快以健康、美味的訴求，獲得消費者的青睞。

二〇〇七年進口麵粉價格飆漲，原本價格平易近人的喜願麵包馬上面臨成本的壓力。施明煌不甘於麵包店和消費者只能被動接受市場價格波動，進而興起為何台灣不能自己種小麥的念頭。經過深入研究後，驚覺台灣其實正面臨著糧食自給量嚴重不足的「糧食危機」。

施明煌解釋道，長期以來民眾飲食習慣的改變及政府政策的原因，台灣進口小麥消費量逐年增長，甚至已超過稻米，但我們的小麥幾乎完全仰賴進口。加上氣候變遷、糧價與油價無法脫鉤等趨勢，台灣已深陷危機而不自知。

施明煌就此展開台灣新一波的糧食自主運動「麥田狂想」，開始與小農協力契作小麥。近年來陸續拓展至大豆及五穀雜糧，用具體行動引發民眾及政府對本土糧食自給率的重視與關切。

「喜願共合國」便是以喜願麵包為出發點，結合所需的上游作物，打造「喜願小麥」、「喜願大豆特工

▲ 小麥在寶島各地復耕，麥浪隨風翻騰。

隊」、「喜願雜糧聚樂部」品牌，開發麵條、醬油、芝麻醬等各類商品。

施明煌以「社區協力農業（Community Supported Agriculture, CSA）」為概念，鼓勵生產者、加工者、消費者及服務者之間的互相承諾，共同合作、自給自足，不僅減少糧食進口，也縮短食物里程。

喜願麵包與小麥、大豆契作都有一套透明公開的行動化生產履歷系統，農友及加工業者可以隨時記錄生產過程，而消費者及通路商則可以直接查詢並驗證製作工序和進度。

另外，也舉辦農事戰鬥營、好農壯遊、麥田見學及麥田音樂會等各類活動，增加彼此間的實際互動。善用虛擬網路與實體網絡的連結，迅速、成功地打通「喜願共合國」的產銷脈絡。

隨著台灣社會經濟發展的腳步，「喜願麵包」一路發展成為擁有麵包、小麥、大豆等事業體的「喜願共合國」。施明煌從人道關懷的角度出發，不斷再造社會公平與正義，也從中啓發企業多元化發展及永續經營的新契機。「喜願共合國」是個非常值得期待與關注的台灣本土社會企業。

▲ 麥向成功，各方協力推動小麥契作。

為台灣農業寫歷史

「喜願共合國」總兼　施明煌

喜願自二〇〇七年推動「麥田狂想」計畫以來，在二〇一三年已逐步建構台灣小麥契作的產銷機制。喜的是，因為休耕地活化的轉作獎勵，喜願小麥的契作面積可望從前一年的二〇五公頃，達五百公頃大關；憂的是，小麥單位面積產量下降，原本預估收成五百公噸，卻因氣候異常，只收三百公噸，有些陰雨嚴重的東部區域，甚至全軍覆沒。

喜願去年開始推動「麥向五百（公頃）」確實是一個巨大而真實的產銷考驗，從田間管理、收成乾燥、驗收儲運、加工製粉到產品銷售。而為避免擴張而出現的鬆散現象，特別將幾年來推動參與式驗證與無紙本合同的精神，歸納為「喜願契作農友自主管理作業手冊」以做運作的準據。期待以「開放」、「實在」、「友善」、「兼利」共創台灣農糧契作生產與加工合作的新紀元！

▲ 進一步推動台灣無基改農區，宣告守護台灣農業的自主權。

對於國產「雜糧」能夠穩當導入常態的農作生產機制中，仍有段漫長的路要走，農民能否將農作習慣調整為二至三年的長程計畫，是國產雜糧復興成敗的關鍵之一。目前雖然芝麻、蕎麥、薏仁契作數量少，但未來在喜願麵包卻扮演關鍵的角色。而這一切努力的總目標，都會放在二〇二〇年「喜願共合國」（喜願社區協力農業營生群組）的自我檢視。

在二〇一三年初，得知「聯華實業」亦啓動「米穀粉」的開發研製，且順利出「穀研所」取得技轉之後，喜願決定將台灣的「米小子」（Mr. Boy）、喜願的「麥」（My Girl）合體，致力於「米麥一家親」的產品研發，除了有效去化稻米的產量外，更期以形成長期而多元的農業生產計畫，創造出多元農村地景、多元農作的生態與提昇農民多元的耕作能力。「米穀捲」、「蕎麥薄餅」、「米仔條」等三項產品誕生，「米麥一家親」終於初見端倪。不論在台北國際烘焙展或試吃評價，均獲得極高度的讚賞，不只產品品質，包裝上的訴求與活潑圖像均展現出雀躍的活力與不凡的企圖心！

▲ 台灣本土生產的小麥、雜糧製成多樣產品。

台灣的糧食政策有很大的問題，但除了批評，還要找出解決之道。現在農業已經不是生產問題，而是行銷問題，未來幾年，我會把自己從一個批評者、推動者，轉變成為行銷推廣者，號召更多公司、加工廠、普羅大眾加入。「運動」終究有輸有贏；在台灣糧食自主的運動中，「喜願」甚麼都可以輸，但有件事一定要贏，就是要贏得「尊敬」！

▲「米麥一家親」結合台灣米和小麥，研發米穀粉製作點心。

08

「耕心蓮苑教育基金會」創辦人／
陳瑞珠（左）、余素華（右）

打造弱勢兒第二個家

新北市今年起與超商合作的「幸福保衛站」，提供有急難需求的弱勢家庭學童餐點，計劃用意良善，也突顯國內的確有為數不少的弱勢家庭，需要各界的關懷。

位在三重的「耕心蓮苑」就有一群老師十五年來默默地耕耘付出，擔

愛·一家親
社會企業股份有限公司

▲

品牌：愛一家親
產品：提供無食品添加物的健康食品及禮盒如鳳梨酥、核桃糕等，籌措耕心蓮苑辦學經費。

▲「不計束脩，隨喜辦學」，守護弱勢孩童。

負起社區裡弱勢孩童的安親照護及教育、教養工作。

「耕心蓮苑」共同創辦人余素華及陳瑞珠早年一起去三重地區做家庭訪問，發現竟然有學生家裡連書桌都沒有，只能跪在茶几邊寫作業，也常看到青春期的孩子夜晚仍遊蕩街頭，深深感悟孩子在大人生活困難時往往無法獲得適當的照顧，連三餐溫飽都成問題，更別說教育、學習等發展機會。

「孩子的教育不能等」，兩人便用自己微薄的薪水、貸款興辦「耕心蓮苑」，以「不計束脩，隨喜辦學」的理念，照顧經濟上無法支付課輔安親班的孩子，提供他們一個經典文化薰陶，讀書寫字的地方。

非常注重中華傳統文化的倫理與智慧，「耕心蓮苑」裡孩子們在老師的帶領下讀四書五經，從日常生活中落

▲ 隨喜付費的湧泉坊餐廳，讓獨居老人、失能家庭成員享有溫馨餐點，貧困鄰居也有喘息落腳的地方。

實孝道及品格修養，重拾失落的家庭教育，間接促進了親子關係的和諧。

「耕心蓮苑」所附設的學生食堂，也發展成為隨喜付費的社區餐廳，讓獨居老人、失能家庭的成員享有溫馨的餐點，貧困鄰居也有喘息落腳的地方。堅信人性本善，不順遂只是一時，陳瑞珠表示，曾有位父親在失業之時，每天都來餐廳用餐、打包，但復業後，隨即將第一分薪水捐贈給「耕心蓮苑」的感人故事。

目前餐廳的收入已成為贊助辦學的經濟來源之一。

從學童教育出發，兩位老師將溫暖與大愛擴大至整個社區，使每一個人都能得到適切的照顧，這樣的心念感動了許多人。

現在這裡隨處可聽到孩子彬彬有禮地跟長輩問好，也能看孩子參與社區清潔打掃等公共事務。

當初因為招收社會邊緣小孩，社區居民反對「耕心蓮苑」進駐，後來看到孩子的變化以及對社區產生的正面影響，現在反而成為守護「耕心蓮苑」的義工群。婆婆媽媽們一早就來餐廳幫忙洗菜備料；精心研創手工核桃糕、牛軋糖販售，贊助興學。

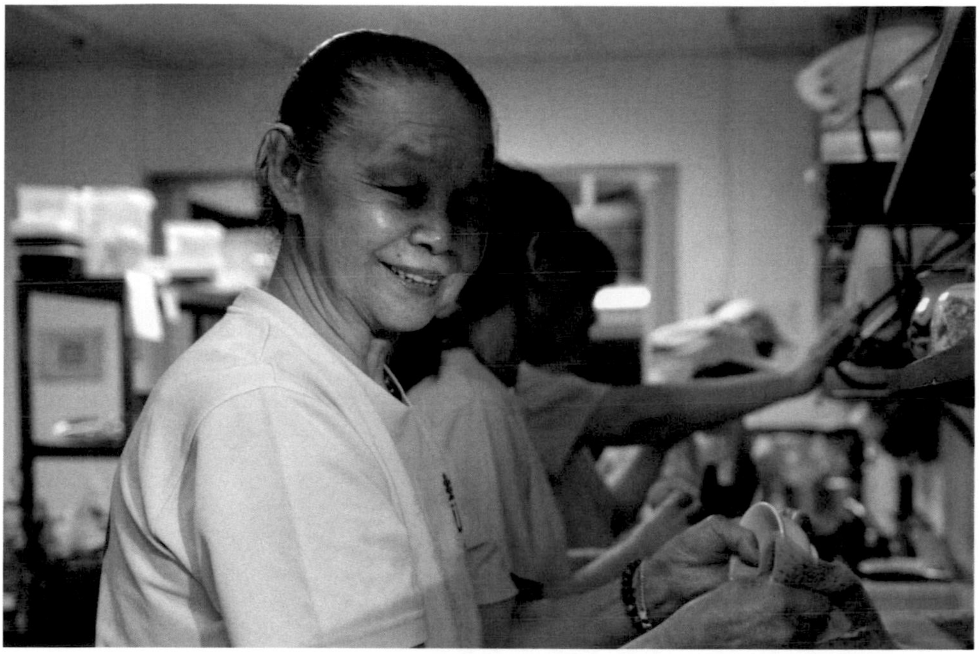

▲ 社區裡的婆婆媽媽們主動來到餐廳服務、幫忙備餐。

四百坪的教室及辦公空間，房東於三年前宣達護持的心願，租金全免！其他企業如華碩、中華電信亦捐助資訊產品，讓「耕心蓮苑」建置電腦教室，開辦社區資訊課程。

如潮水一波一波，有形、無形的社會資本紛紛注入，「耕心蓮苑」如願打造了一個充滿愛與信任的社區大家庭。

成立至今「耕心蓮苑」幫助的孩子和家庭不計其數，扎下厚實基礎，現在有能力結合多方社會資本，也不忘與其他團體連結合作，並多次在風災後協助籌款募資。「當我們有一碗飯可以吃，記得要分出半碗飯來給需要的人」，陳瑞珠說這是父親的教誨，也是「耕心蓮苑」秉持的慈悲。

有錢出錢、有力出力的善心與善行是台灣非常寶貴的社會資本，「耕心蓮苑」將自我累積的社會資本，傳遞至弱勢家庭、社區居民，也回饋給台灣社會，形成一股生生不息的循環動力。「取之於社會，用之於社會」的商道精神，為企業立下良好的典範。

▲ 推廣傳統孝德倫理文化，兼顧學童教育與品德教養。

愛一家親

「耕心蓮苑教育基金會」執行長　陳瑞珠

「愛一家親」的願景，是在於能用好產品的銷售盈餘，來作為耕心蓮苑教育基金會的辦學。而耕心蓮苑教育基金會的宗旨，則是希望能將品格道德教育與傳統倫理文化中的好教養，能讓散播到更多的社區與家庭，讓下一代受益。特別是經濟弱勢家庭的孩子，更需要如此的教育機構，給予孩子良善的啓發、陪伴他們成長。這正是解決社會問題的根本之道，因為所有的問題，都是來自於人心的問題。相信當下一代具備了善良、有禮、謙和、服從、善於溝通、主動學習、勇於挑戰等等的優良品質時，我們的社會一定會充滿了希望。

以一個非營利的教育基金會，過往主要是依靠善心人士的捐款，但在大環境不理想的情況下，試圖走出獨立而能自主的可靠財源，是成立愛一家親社會企業的主要原因。我們希望愛一家親的成長，能成為耕心蓮苑種子師資培訓、乃至未來更多社區學校、家塾學校的資糧來源。也期盼我們社企的發展，能為失業、二度就業的婦女，提供更多的機會。

▲ 無悔的付出，除了改變孩子們，這感動的力量同時也影響了許多人。

目前我們與「一同心」密切合作，引進其麵包，並技術交流開發米饅頭等五種全新產品，希望能為消費者提供健康養生又美味的日用長銷型產品，也在國內外（台東、阿里山、印度）積極尋找有機老薑的供應源，以作為未來新產品開發之用。在產品銷售方面，今年春節的年節禮盒有出現更多陌生開發的零散客戶，改變了過去幾年完全依賴少數的企業客戶之訂單之情況，可說是取得了不錯的發展。此成果應是近一年來經營網路社群網站（Facebook）的連帶效應。

我們會持續與其他專業團隊合作，開發長銷性的新產品，並在桃園成立工作室與生產園區。

當大家一起好時，才是「真好」！

我生長在一個負債的家庭。這讓我深刻感受到財經弱勢的家庭與失教的孩子，在成長路上若能得貴人相助，孤獨流浪的心，也可以有個依靠的港灣。

我始終記得國中老師用她溫暖的大手握著我，對我說：「瑞珠，老師相信你這雙手是有用的手！是可以幫助別人的手！」老師充滿愛及信任的眼神至今仍烙印在

▲ 義工媽媽用愛心製作美味食品，贊助興學。

我心上，因此，當我看著因家境困難無法上補習班而遊蕩街頭的孩子，老師們過去給我的愛，讓我從內心湧現一股莫大的熱力，想著我可以為孩子做什麼。在替家裡還完最後一筆債時，三十六歲的我終於敢夢、敢想！我跟我的父親說：「爸爸，請您讓我走自己的路吧！我要去當義工，去幫助弱勢的孩子活出尊嚴！活出豪氣！」

當大家一起好時，才是「真好」！儘管篳路藍縷，但也許因為我們想的是如何愛護孩子、回饋社會，這一路走來，仍是受到太多的鼓勵與護持。這愛的循環，總是令人感動。

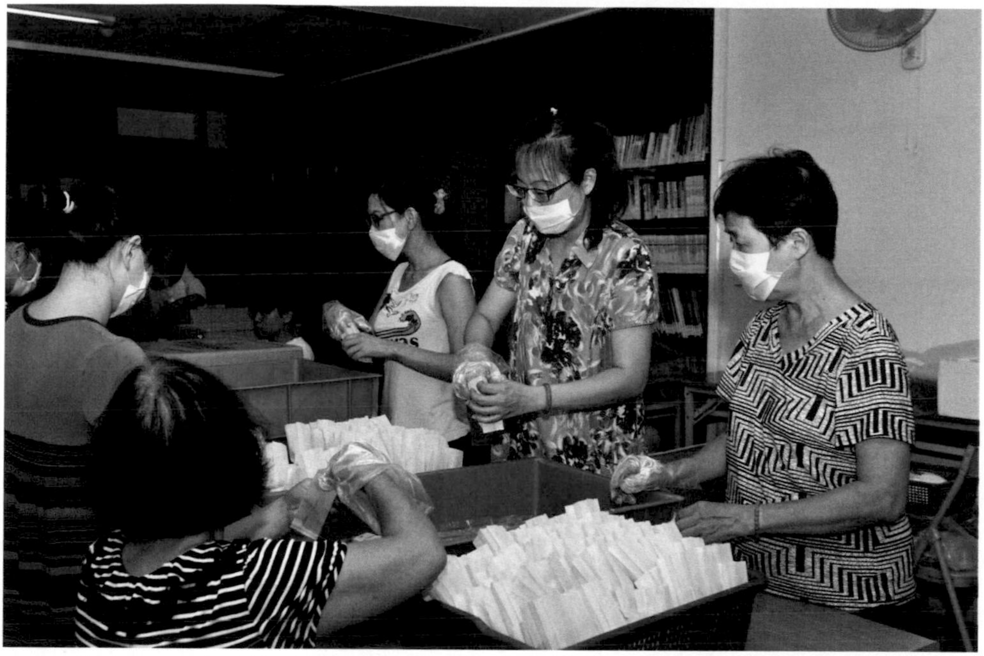

▲ 有一碗飯吃，也記得分出半碗飯給需要的人，大家一起好，才是「真好」！

09

「社企流」創辦人／
林以涵

社企流
SOCIAL ENTERPRISE INSIGHTS

▲

品牌：社企流
服務：台灣第一個華文社會企業資訊匯流平台，傳遞「用商業力量改變社會問題」的知識與智慧，並連結各地社會企業。

散播社會企業種子

在美國念書時因緣際會接觸到社會企業相關課程，林以涵便深深地被這「用商業的力量改善社會問題」的新興概念吸引，接下來一連串的研究與實習工作經驗，從國外社會企業家們的創業精神、創新的商業模式中獲得許多激勵和啓發，更奠定她投入參

▲ 一週年論壇「500個種子對世界的想像」，共800位朋友齊聚一堂。

與的決心，並認定社會企業是她最重要的人生志業。

回台後，林以涵發現相較於歐美各國，台灣的社會企業仍處於萌芽、摸索階段，而網路上許多相關資訊均以英文為主，語文上的隔閡影響了社會企業的發展，台灣也缺乏一個以社會企業為主題的交流平台。在她的主導推動下，台灣第一個華文社會企業資訊匯流平台「社企流」於二〇一二年二月正式運作。「社企流」網站中有系統地匯整了豐富且具參考價值的社會企業資訊，深入簡出地說明社會企業的定義、發展歷史及相關案例，編輯團隊亦多方收集、翻譯全球報紙期刊上關於社會企業的重要新聞、活動資訊及資源連結。

每月專題報導一個台灣本土的社會企業及其創業理念與商業模式等，讓大家可以全方面地掌握國內外社會

▲ 赴港考察並參加香港社企民間高峰會。

企業的發展現況，也希望借由他山之石，能加速台灣社會企業的發展進程。「社企流」也邀請了從事社會企業的工作者，定期在專欄中分享自己的經驗與見聞，讓更多有心投入的朋友可以在這裡聚集交流。在短短一年半的時間內，「社企流」網站已累計有近三十七萬人次造訪，發布約三百四十篇新聞活動訊息、三十七家社會企業介紹，Facebook上也迅速召集了九千多名粉絲，幾乎每天都有新文章上架。如此驚人的成果，竟然是年僅二十八歲的林以涵帶領著一群平均年齡不到二十五歲、全無支薪的志工夥伴，利用工作之外或課餘時間協力完成的。從創立初期的六人小組，到現在分為編輯、社群兩組共三十人，志工們來自不同的背景、各有專長，平常多靠視訊及email連繫溝通，但大家擁有共同的熱情與理想，希望成就這股改變世界的力量。善用網路社群媒體的集結力量，「社企流」從社會企業資訊匯流、交流平台出發，現在儼然已經形成一股潮流。

今年年初所舉辦的一周年活動「五百個種子對世界的想像」論壇，原來只預計五百個名額，卻出乎意料地吸引了近八百名自行購票進場的聽眾，雖然目前參與的人仍以三十歲以下的族群為主，但「社企流」引發的效應不斷擴散。

▲ 輕鬆分享、實作練習，教大家社會企業相關技能。

不少國內企業家也開始關注社會企業這個議題，宏碁集團創辦人施振榮特別錄製一段影片，鼓勵青年朋友們並肯定「社企流」一年來的努力及成就。

論壇中邀請多位兩岸三地的社會企業創業家及實踐家到場分享經營社會企業的甘苦，也深入探討大中華地區社企發展的契機與潛力，引起熱烈迴響。

林以涵個人亦延伸國際觸角，三月獲選成為ECSEL易社計畫（Empowering Chinese Social Enterprise Leaders）創業家，赴美考察哈佛、耶魯、史丹佛等大學創業育成中心，並拜訪波士頓、舊金山兩地的社會企業，更深入了解美國社會企業生態圈的全貌，包括社會企業創業者的創投機會、育成中心、共同工作空間、獎學金、媒體／刊物等，林以涵獲益良多，也表示這些都是未來「社企流」可以發展的方向。

「社企流」從零開始發展至今，我們見證到七年級新世代的創意熱情及其追求夢想的勇氣與毅力。林以涵善用網路媒體的特性，凝聚有志一同的夥伴助力台灣社會企業的發展，從分享文章資訊、經營網路社群到舉辦論壇活動，一步步把「社企流」的影響力推上大中華區的舞台。

▲ DOIT社企流小學堂：為期半年共十場，吸引超過500位朋友參加。

夢想自造家

「社企流」創辦人　林以涵

把握機會，從當下能做的事開始

如果沒有踏上創業旅程，我很可能會進入台灣某一家非營利組織工作，以前也想過要轉行當英文口譯者或程式設計師。這些看似天差地遠的職業，反映了我不同的興趣，如果把每一樣職種所需要技能或所擁有屬性加總，對公共事務有熱忱、對語言翻譯和架設網站有興趣，大概也是我啓動社企流的最大關鍵。

因為學業與工作經驗，被歐美許多以創新、創業思維改善社會問題的模式所啓發；加上在台灣與許多社會企業創業家交流，發現當時還沒有一個華文社群，能串連起這些努力改善失序社會的平民英雄、也讓社會大衆更認識他們，於是我便異想天開，希望結合自己的興趣與專長，架構一個資訊整合平台來改善上述現象。

▲ 青年朋友齊聚一堂，探索創不同、激發實踐力。

衆志成城，匯聚群體智慧

「If you want to go fast, go alone. If you want to go far, go together.」這是非洲很有名的一句俗諺，也呼應社企流的發展脈絡與提倡精神。從編譯、採訪、經營社群到舉辦活動，從一剛開始的六、七人到數十名志工，我們從零開始匯聚群體力量，大夥利用下班或週末時間，一步步建構網站，希望讓社企流成為社會企業版的Google。

成立兩年來，網站分享超過一千篇文章、舉辦超過二十五場活動（約兩千名參加者），皆是大家兼職投入的成果。許多不認識社企流的人，誤以為我們背後有財團或富爸爸支持，其實社企流的社群完全是由平均年齡不到三十歲、擁有共同熱情與理想的年輕人所推動，讓我見識到台灣令人驕傲的青年力。而不吝分享智慧的前輩們，也讓我們得以站在巨人的肩膀上，看得更遠、走得更穩。

為求永續發展，我們於二〇一三年九月正式註冊為公司，很幸運能與Michael（陳玟成）、Grace（金靖恩）兩位創始成員一起負責企業營運，期待能夠推廣、連結並支持社會創業（Social Entrepreneurship），成為打造美好

▲ 由全志工組織轉型為公司，大家一起剪綵慶祝。

世界的行動引擎。除了繼續經營網站內容與活動，作為分享、啓蒙大家的第一步，我們更計劃提倡「From Idea to Action」的實作精神，匯聚各方創業資源，讓新創或已在經營的社會企業家，能獲得更完整支持。

社會創業，讓世界更好的行動引擎

要如何推廣、連結、並支持華文區的社會創新與社會企業呢？社企流透過三種角色來達成我們的使命：「知識中心」打造一應俱全的華文資訊平台，推廣相關理念；「交流中心」建立論壇與工作坊等社交網絡，連結各地社群；「育成中心」：成立匯聚創業資源的育成中心，支持社會創業。

每個人都可以透過知識、交流、與行動的累積，用創新思維使世界變美麗。社企流也與企業合作，讓員工用創新思維改善社會、回饋企業，同時連結社會企業人脈網絡，讓企業成為社會創業家未來的合作夥伴。

社企流「網站」兩歲了，而社企流「公司」的冒險才正要開始，邀請您一起關注社企流，更加了解、參與社會企業這股翻轉世界的變革力量！

▲ 致力於推廣台灣社會企業發展的經營團隊與顧問群。

10

光原社會企業

▲

品牌：光原社會企業
產品：推廣原住民所栽種的有機農產品，包括阿里山有機烏龍茶、金宣、咖啡及時令季節蔬菜等。

深耕原住民有機農業

原住民是台灣多元族群文化中重要的結構之一，處在經濟弱勢及生態環境脆弱之地，雖然政府長期以來投入教育、就業等資源，都未能真正解決原住民部落問題。

「光原社會企業」是一間以社會企業為訴求、原住民為主體的公司，

▲ 愛土地、愛作物、愛部落，是一種幸福。

致力於改善原住民的生計問題，促進部落自立及永續發展。

「光原社會企業」的前身，是印度籍神父鄭穆熙所帶領的輔仁大學原住民專案辦公室，在十三年前開始從事原住民的教育服務工作，實際深入部落後才真正了解，原住民地區的大部分問題都根源於經濟貧困——部落無法創造就業機會。在二〇〇五年成立「瑪納生活促進會」輔導原住民在阿里山上利用廚餘有機耕作，進而打造「有機部落」，期望利用部落現有的天然資源，在地建立一套新興產業方案，提升原住民部落的生活品質。

但高山地區耕地有限，生產規模小、運費成本高，原住民部落的有機農業仍屬於競爭市場上弱勢的一方，二〇〇八年進一步成立「光原社會企業」，為原住民有機農產品拓展銷售通路，以公平貿易的概念，保障部落

▲ 農友的給予是最棒的禮物。

農民的生計，讓他們能更安心地在自己的土地上耕種、生活。

多年擔任原住民社工的陳雅楨、從事貿易，善於銷售的王鵬超，及擁有專案管理、教育訓練能力的李志強是「光原社會企業」的創業團隊，從公司成立之初便共同經歷資金短缺、大大小小的風災、產品斷貨等層出不窮的困難，但三人不同的個性、不同的專長、不同的處事風格，著實為公司激盪出更多的發展潛能。

「找對的人、上對的車是很重要的！」李志強笑著說，每每遇到問題，三人都會發揮自己的專業，從不同的角度檢討、盤點現有資源，商討出當下最佳的解決方案。成立四年，公司營運已達損益兩平，但堅信「原住民的成功，才是光原的成功」，三人一致的信念是推使光原團隊不斷前進的動力。

自許要為台灣社會企業立下典範，「光原社會企業」並非在有營收之後才投入公益工作，而是堅持在營運的每一個環節中，展露社會公益的價值與效益，所以選擇有機生產，不增加環境的負擔，以公平貿易的概念，收購部落農產品。

鑒於有機栽種的門檻較高，為納入經濟上無法承擔

▲ 在農地裡的歡笑聲，是餐桌上的幸福。

的小農，團隊特別設計了相關配套措施，例如：提供小額融資租賃土地或購買所需的種苗、肥料，待收成後才從收購金額中扣除資材費用；前兩年保價收購，共同分擔轉耕風險；制定透明的價格與流程分級收購，以合作取代競爭。

現在也進一步提供低利率的微型貸款，鼓勵原住民更靈活地運用資金或創業。

「光原的目地是讓原住民在地就業、收入穩定，做自己的主人，至於部落的觀光休閒或文化復育產業，我們不涉入，希望由原住民朋友們自行經營發展。」

目前「光原社會企業」的有機農產品已獲得消費者的認同，在里仁、慈心等連鎖據點上架販售。團隊也研擬利用高山地區的氣候及地形優勢，栽種具有高經濟價值的中藥藥材，並計畫在都會區設立綠色有機餐廳，消化賣相不佳的蔬果。

「光原社會企業」三位創業青年從在地經濟著手，深入部落源頭解決問題，建立起一條有機農業價值鏈，由負責生產訓練的瑪納與主導銷售通路的光原相輔相成。此原住民與市場接軌的合作商業模式，可望複製在其他原住民部落，協助原住民朋友真正脫離貧窮。

▲ 當小蝌蚪回來了，生機也回來了。

夢想的起點是責任的開始

「光原社會企業」共同創辦人　李志強

光原社會企業以部落永續發展為願景，透過有機產品的生產與銷售，期待協助建立穩定的經濟支持，讓部落能夠逐步發展在地產業，吸引青年回流，讓原鄉部落美好的文化與智慧得以傳承。隨著社會企業發展的腳步，光原開始探索協助都市原住民朋友創業的方式，並對原住民青年進行培力。此外，光原也渴望能與更多有共同願景的社會企業一起努力，建立連結並攜手前行。

曾有人問我們，為什麼要創業。我們的答案是：「創業，是為自己的理想負責。」在光原成立五週年及Manna社企Cafe的開幕式上，我們深感自己的責任，因此說：「夢想的起點，是責任的開始。」讓別人成功而獲得成功，總比讓別人失敗而獲得成功，需要更多的愛，更多的付出，也可能需要走更長遠的路。對我們來說，當我們協助的原住民夥伴們能夠成功，才是我們成功的時刻。

如果我們不創業，也許現在我們依然會在公司或是非營利組織裡繼續埋首努力，然而踏上了社會企業創業

▲ 讓我們一起許未來一個溫暖的希望。

的這條路，就得不斷地探索與冒險。也許向前的路上充滿不安與挑戰，卻不會後悔。

黑暗從來不存在，那裡只是沒有光。沒有人知道未來的樣子，直到我們用夢想填滿它；也沒有人真的明白成功道路的方向，除非我們親身走一遭。不忘初衷，踏實地前行，讓自己每天更靠近夢想一點。若非許多朋友們的熱情相挺和不斷加油打氣，也許我們無法走到這裡，也無法看見現在的風景。期許未來我們也能成為他人的力量，一同為更美好的台灣而努力。

11

「勝利潛能發展中心」主任／張英樹

激發身障者潛能

勝利身心障礙潛能發展中心

▲

品牌：勝利身心障礙潛能發展中心
服務：提供身心障礙者職業訓練、創辦經營庇護工場，並搭建身心障礙者與企業間的就業平台。

近年來，提供身心障礙者就業機會的庇護工場，是政府極力扶持的對象，也是社會大眾關注的焦點。但早在二〇〇〇年「勝利身心障礙潛能發展中心」便以不接受社會捐助及開發多項自營事業為「立基」，輔導身心

▲ 身心障礙者回歸社區，發展穩定的就業能力與生涯規劃。

障礙者就業，用市場競爭力創造永續經營的契機。

秉持屏東基督教勝利之家「生命的價值要被肯定，生命的潛力要得到發揮」的理念，身障者張英樹返回台北創辦「勝利身心障礙潛能發展中心」，提供聽障、智障、肢障及多重障礙的朋友多元的技能訓練及就業機會，資訊建檔、視覺設計、咖啡輕食、加油站、便利超商等都是陸續衍生的服務項目。

在營運上，「勝利」完全沒有任何自憐的心態，而是以經營企業的精神來運作，要以服務品質獲得客戶的認同，「勝利資料鍵檔中心」取得英國標準協會BS7799國際資訊安全稽核規範認證，「勝利加油站」通過ISO9001服務品質認證，所經營的餐廳及咖啡館也屢屢獲得政府優良評鑑。

▲ 依不同障別規劃操作流程，大大提昇工作效率。

張英樹表示，這證明了「勝利」有實力在市場上與其他同質性的企業競爭，也樂見許多身心障礙夥伴藉由這樣的工作經驗，正式踏入社會職場、受雇於一般企業，而且在工作上的專業表現不比公司其他同仁遜色！

相較於單一障礙的庇護工場，張英樹反倒善用不同障別的「優勢」，透過障別不同的安排組合與設計工作流程，讓身心障礙者發揮「瞎子揹瘸子」的互補功效。

在建檔中心裡，將情緒障礙者與聽障者安排在一起工作，當情緒障礙者不自主發出呻吟咒罵時，一旁的聽障者可以不受干擾、專心工作；在咖啡館裡，是由聽障者與肢障者分工完成一連串點餐、製作、送餐的動作。

此外，使用輔助工具提升效率、降低各項工作的學習操作門檻也是「勝利」的利器之一。

自行開發資料輸入系統，使資料準確率高達99.997%；根據不同的障別編定五種以上的操作說明，以確保員工能烹煮出品質一致的茶葉蛋或咖啡。「我們相信每位身障者的潛能是無限的，只要用對方法。」

從經營之初，張英樹便不斷地從市場需求及產業發展的角度考量，用創意開發身心障礙者的新職種，並為「勝利」降低風險、創造利潤。

▲ 從資料建檔工作開始，不斷開創身障就業新價值。

二〇〇〇年正值信用卡蓬勃發展，資料鍵檔中心專門承接銀行、金融機構的資料建檔工作，成功打入市場、立下口碑，「除了準確與效率，安全性也是金融業的主要訴求，而我們同仁流動率低，間接成為競爭優勢。」

「勝利」也曾在數年前，台灣正值蘭花王國的美譽之際，協助身心障礙者投入蘭花苗培養領域，雖然因產業外移而結束經營，但可以看出張英樹追求多元化發展的企圖心，以及對台灣產業移轉的敏銳度。

二〇〇八年，「勝利」更開始跨足文創業，在關渡成立手工琉璃工廠，訓練員工從事琉璃的生產與設計，並建立「傳玻者」品牌，巧手打造的琉璃產品典雅精緻，讓人驚豔不已，也受邀到東京參展深獲好評。

「勝利」能夠在商業市場中開創出一片屬於自己的天空，張英樹發揮了另類的「知人善用」及「適材適用」的人事組織管理，創造身心障礙者的職場價值，同時多元化的業務發展也與台灣產業趨勢結合，造就「勝利」成為少數能夠盈利的庇護工場，可謂是名副其實的「潛能發展中心」。

▲ 敏銳的市場嗅覺，成功開展多元經營模式。

身障者的就業能量沒有極限

「勝利身心障礙潛能發展中心」主任　張英樹

勝利從五十年前屏東的兒童之家開始，從小兒麻痺患童的特殊教育、腦性麻痺學童的復健整合服務，一直到目前的多障別混合模式的提供，我們都在思考同一個問題，身心障礙者的需求是什麼？「我實在告訴你們，這些事你們既做在我這弟兄中一個最小的身上，就是做在我身上了。」』（馬太福音25：40）最小的弟兄因著我們的協助能夠有什麼改變？從就醫、就學、就養，一個全人的必要服務也是自我價值轉變的重要歷程就是職業重建，如何建立一個身心障礙者的職業能力與環境就是勝利十多年前在台北開始服務重要而且唯一的關注議題，一般非身障者從工作中建立的信心、成就、價值觀以及夢想，我們也希望能夠在身障者的工作環境中一一重建。

二〇〇〇年，勝利全心投入身障者的就業服務工作，每日拼博在就業服務與經營管理之中，所思所念的是如何開創與打造適合或相對友善的就業職場與環境，從資料鍵檔、平面美術設計、蘭花組織培養、咖啡餐

▲ 突破身心限制，勝利手工琉璃作品屢屢獲獎。

廳、琉璃製作、加油站、全家便利商店、北歐甜點烘培、數位印刷等等，勝利在別人眼中看似不安定甚至過動的不停開發職種，我們試圖打破一般人對身障者的框架與刻板印象，多給些時間與機會、多搭些溝通的方法與橋樑，他們就會證明能做的比我們所想的更多更好。即使是在家臥床的重度極重度的障礙者，為他們設計開發的居家工作模式中，依然顯現因為堅持而堅強的生命力量，在最小弟兄的身上，不放棄的生命火花燒出最熾熱的熊熊火光，是如此不同的面孔，堅定的眼神讓勝利持續前進，不敢停下腳步。

目前勝利有兩百多位的身障工作團隊，十多年來，我們堅持不對外募款，希望社會大眾從我們的產品看到認真與專注；從我們的服務看到專業與投入，因為回到市場競爭，我們的品質才能被檢驗，因為禁的起檢驗，我們的服務才能穩定與永續，繼而建立真正的信心與價值，而這正是身障職業重建中最重要的一環。

未來做什麼？勝利永遠沒有答案，因為夢想沒有盡頭，創新沒有終點，身障者的就業能量也沒有極限！

12

「四方報」創刊總編輯／張正

品牌：四方報
產品：在台灣出版發行越南文、泰文、印尼文、菲律賓Tagalog文、柬埔寨文的報紙型月刊。

為新移民發聲

根據統計，常住台灣的東南亞移民與移工總數已達六、七十萬人，甚至多於原住民，儼然已成為台灣多元族群社會中的新成員。由於語言的隔閡、文化的差異，加上媒體偏頗的報導，他們普遍未得到台灣民眾的認同與尊重，對於融入台灣社會也增添許

▲ 長期以來，為東南亞移民／工爭取權益而努力。

多屏障。《四方報》便是以越、泰、印、柬埔寨、菲律賓等五國外語發行的期刊，為來到台灣落地生根的新移民／工，打造傳遞知識、解決問題及抒發情感的平台。

「人到了異鄉，能夠閱讀母國的語言文字都是排解鄉愁、平撫心緒及獲取資訊的重要管道。」《四方報》總編輯張正經歷了短期的越南留學後有感而發，返台後有了開辦東南亞外語報紙的想法，隨即獲得長期關注弱勢族群的立報前社長成露茜大力支持。二〇〇六年越南文《四方報》正式創刊，用外地人的角度提供新移民／工需要的各類資訊，如：國內外重大新聞、生活工安及照護常識、法律諮詢等，另保留大篇幅的版面讓移民／工投稿，用母國文字分享自己的經驗與感觸，相互打氣鼓勵。

▲ 可以用母國文字發聲、傾吐心事，四方報是「異鄉人的好朋友」。

《四方報》以外文為主、中文為輔的設計，也有助於台灣社會的雇主及家人了解他們的想法及文化，從雙方面著手，幫助新移民／工更快地適應環境。

這份為異鄉人所辦的報紙，初期遇到的困難是可想而知的，缺乏冷門語系的編譯人才、甚至連電腦排版字體都難以取得，僅會一點點越南文的張正常常嘲諷自己是「盲人辦報」，但熱烈、激動的讀者反饋，他更意識這群弱勢族群的需要並堅定自己的信念。

「你很難想像，他們訂閱的《四方報》有可能被雇主或家人丟棄，也很難想像他們竟是使用紙巾、日曆背面的空白處作畫寫詩，抒解鄉愁」，這些現象在在顯示台灣社會對於新移民／工的漠視與歧見。在張正的帶領下，《四方報》的商業模式開始以新媒體的定位發起跨界合作，投入新移民／工人權的推動工作，也為報社創造不同於傳統媒體販售刊物、廣告的經費來源。

被視為社會運動的一環，《四方報》從創辦之初就得到聯合勸募等公益基金的贊助，將移民／工家庭需要知道的社會服務求助管道、健康知識和訊息翻譯傳遞出去，並成為社工執行新移民服務時必備的素材。

與誠致教育基金會、長榮航空合作的「外婆橋計

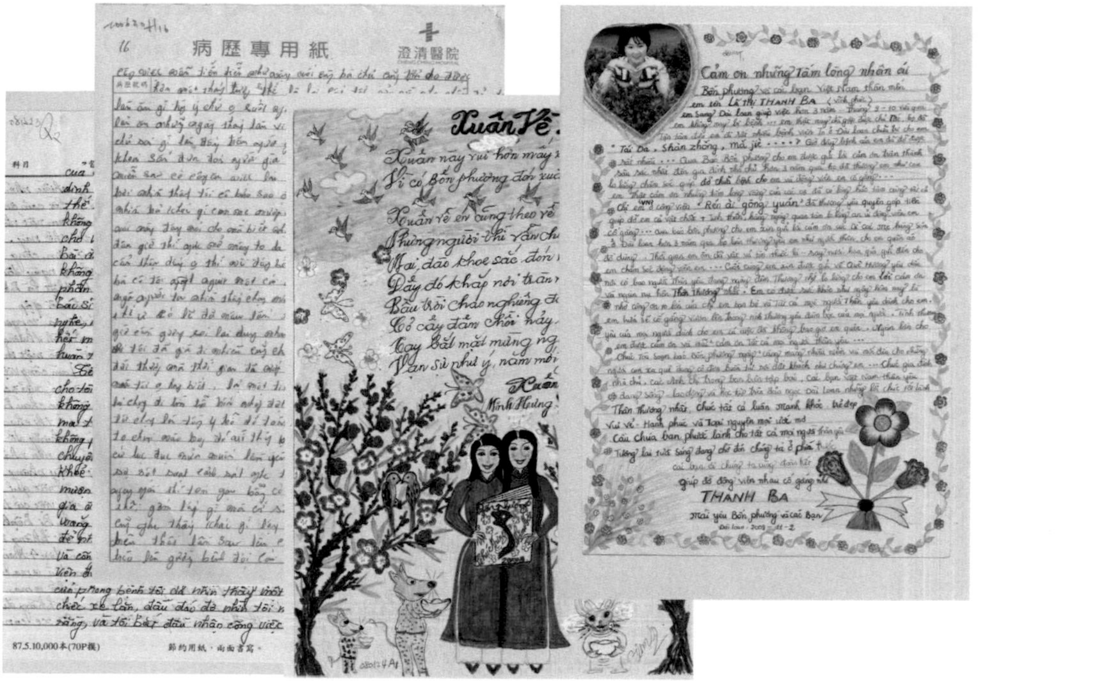

▲ 如「雪崩」般的讀者來函，寫在隨手取得月曆、作業紙上，讓編輯團隊感動不已。

畫」，則是號召台灣老師，跟隨新住民媽媽與孩子一起到外婆家長住，除了鼓勵孩子認識母國文化，也讓老師理解新移民，從基層改變對東南亞的刻板印象。

今年年初也獲得信義房屋贊助共同推動「社區一家」的理念，透過下鄉講座、東南亞多國語免費學堂等活動，協力打造台灣社會與移民／工的溝通平台。目前最新的「青年田野」計畫，張正要鼓勵大學生多與社區裡的移民／工互動交流，進而採訪寫成報導，也讓離鄉背井的移民／工感受到台灣人民的人情溫暖。

張正相信「多了溝通、少了歧視，來台付出青春與勞力的移民／工及其下一代，絕對是台灣未來社經發展的助力，而不是阻力。」

▲ 透過藝術表現，得以跨越語文障礙，感受到新移民／工的才華與生命力。

打造多元、公平、乾淨的社會

「四方報」創刊總編輯　張正

《四方報》的概念來自我的老闆兼老師成露茜。二〇一〇年過世的成露茜，是台灣立報社長，也是世新大學傳播學院院長，她在二〇〇六年時進行一項「弱勢發聲」的國科會研究，想瞭解在台灣的東南亞移民工如何透過媒體表達意見。不研究沒事，一研究才發現，台灣雖然擁有高度的言論自由，媒體數量爆炸，但是，卻獨漏東南亞移民工。

當時的我，是留職停薪的立報副總編輯，也是暨大東南亞研究所的研究生。成露茜找了我和立報副總編輯廖雲章、破報前主編丘德真商量此事，決定以我們的專長，解決東南亞移民工缺乏媒體的困境，於焉有了《四方報》。

《四方報》以定期母語刊物作為工具，提供東南亞移民工必要資訊及發聲管道，穩定其情緒，協助其瞭解台灣社會，繼而凝聚力量，爭取權利。另一方面，也希望藉由刊物的持續發行，逼使主流社會目睹少數族群的存在，進而促進溝通、創造連結。而以《四方報》為

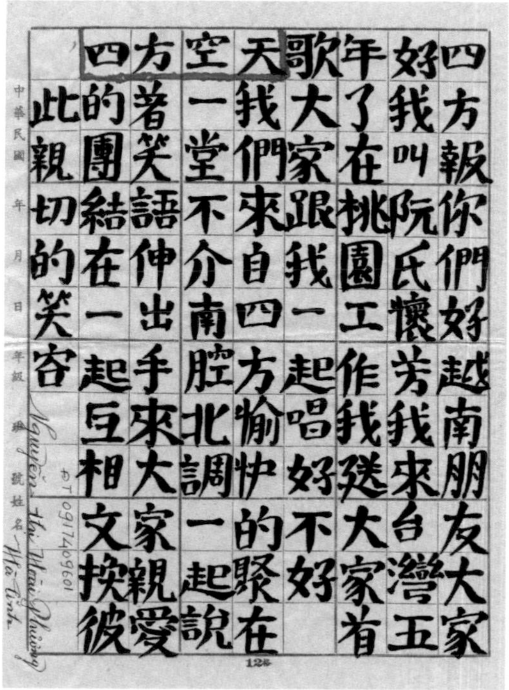
四方報你們好越南朋友大家好我叫阮氏懷芳我來台灣五年了在挑園工作我送大家首歌大家跟我一起唱好不好

天我們來自四方愉快的聚在

空一堂不介南腔北調一起說

方着笑語伸出手來大家親愛

四的團結在一起互相文換彼此親切的笑容

中華民國　年　月　日　年級　班　號姓名

ĐT 0917409601

128

▲ 新移民／工渴望跟人連結，這些真誠的文字就是證明。

核心發展出的「外婆橋計畫」、「艷驚四方異鄉人畫展」、「五語學堂」，以及我離開《四方報》總編輯一職後，另外籌辦的電視歌唱節目「唱四方」、「移民工文學獎」，雖然手段或形式有異，但也都是圍繞著同樣的社會目的。

社會企業（Social Enterprise）有個短定義：運用商業模式，實現社會目的。亦即，先有了某個改善社會現況的目標，然後以「商業模式」作為手段。不過坦白說，我個人在《四方報》創刊之初，真沒聽過這詞。然而一路走來，《四方報》與「社會企業」的確諸多若合符節。

可以這樣說，《四方報》本身即是為了「社會目的」而創設、而存在，符合社會企業最根本的要求。至於有沒有運用「商業模式」？或多或少。我們賣報紙、賣廣告、爭取補助、競逐獎金獎項，簡直是為了「實現社會目的」蝦米攏無怕！

若硬要在社會企業和一般營利事業之間畫出界線，我認為最關鍵的差異在於，究竟是「為了做好事所以努力賺錢」、還是「為了賺錢所以努力做好事」？無奈，這樣的判別很隱微很唯心很難查證，像是鞋子合不合腳，只有自己知道。

▲ 多元文化生根，才能實現族群和諧的理想。

另外，「永續經營」也常被認為是社會企業的指標之一，這點我不同意。如果「實現社會目的」是社會企業存在的根本意義，萬一「目的」已經達成，何須永續？又萬一，該社會企業無法達成「目的」，則更不須經營了。

《四方報》到底算不算社會企業？「唱四方」、「移民工文學獎」又算不算？留待學者專家定義。我只希望，原居台灣的「我們」，在對待新來的東南亞移民工時，別把她／他們當成插電就能用的家電，而能將心比心，把她／他們當作有血有肉、有愛有恨、會閱讀會書寫會看電視的家人。

13

「東風經典食材」創辦人／李筱貞

東風經典食材

▲

品牌：東風經典食材
產品：批發與零售純淨無污染的養生食材，包括野菜、米、營養沖調飲品等。

體現企業良知

從二〇一一年的塑化劑到二〇一三年的毒澱粉，台灣的食品頻頻傳出危及人體健康的事件，食品安全問題儼然成為民眾非常關注的民生議題。

二〇〇九年創立的「東風經典食材」便是以「土地復耕」與「良知消費」為訴求，建構一套從栽作生產、

▲ 復育花東原生種的野菜，也創造高值化的在地工作。

加工製造到行銷銷售的解決方案，期望再造消費者與土地間的良性循環，共創可持續的綠色未來。

「東風經典食材」創辦者李筱貞原是廣告界叱吒風雲的人物，也是知名的企業人士，離開工作近二十年的職場後，注意到台灣花東地區金針花、波斯菊花海四布，驚覺土地廢耕、農村凋零的狀況，甚至衍生台灣自有糧食供給率不足及水土保持問題。遂從花東地區原生野菜、稻米及穀物著手，投入了推廣優質農產品的行列。

「東風經典食材」所推出的產品強調對環境友善、對健康有益，從生產到加工，李筱貞都是親力親為、一切從頭學起。

「生意人應尊重自然與人倫的生態、專業者最需保有一定的良知與堅持」，李筱貞感嘆大部分的食品業者都非常了解如何使用化學添加物來降

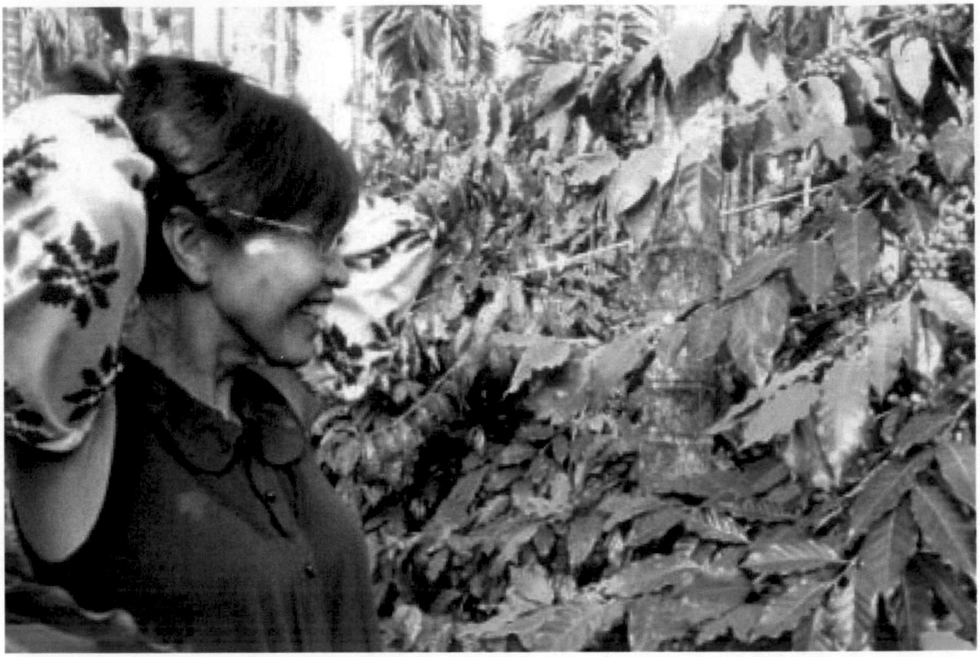

▲ 捲起衣袖彎腰下田，推廣「土地復耕」與「良知消費」。

低生產成本，這種唯利是圖、罔顧消費者健康的行為，造成現在一連串的食品安全危機，也促使她堅持以社會企業的經營管理模式，用「更安全、更保鮮、更方便、更經濟」的標準，為自家食品的營養及安全把關。

在這樣投入的過程中，李筱貞恍然覺悟到「專業沒有良知引導，只是在助紂為虐」，而自己竟也曾是掠奪式商業經濟結構中的共犯者。

以前總想怎麼讓產品熱銷、讓廠商賺錢，享受隨之而來的成就與名利，現在卻只想讓消費者知道食品的真相、倡導正確的飲食觀念。

脫下廣告人的外衣，李筱貞同時為自己的人生與事業，找到一個新的方向。

從一切以利潤為導向的商場，轉戰以社會使命為優先的社會企業，李筱貞的故事相當發人深省。

跟一般創業不同，創業者看到的是市場商機、產品競爭力，但李筱貞強調「投入社會企業創業一定要先從不滿出發」，看到社會上不公不義、不合理的現象，並創造解決問題的能力，自然就可以號召認同的夥伴，發揮影響力。

▲ 富含營養、完全無農藥、自然野生栽種的野菜可以宅配到府。

「心態上不是抱持做善事的想法，而是堅持做對的事！」相信友善耕作可保持水源乾淨、土壤健康、物盡其用、地盡其利；提供在地農民合理的報酬，找到農業的高經濟價值；產品無添加色素及化學成分，並善用行銷推動消費，也同步分贈產品給獨居老人及弱勢兒童。就算常常被同業譏笑不懂得做生意，李筱貞仍用心寫下自己對台灣土地、社會的承諾。

從李筱貞身上，我們看到一個企業家的自省與覺醒，在創業的過程中，用道德、勇氣實踐對社會價值的追求。

曾聽過一句話「要改變這個世界，不是一個人做很多，而是每個人都做一點點。」我想我們是應該停下腳步，好好檢視在追求成功獲利同時，是不是忽略了什麼？

▲ 告別廣告人的身分，期許能為下一代找到出路。

研發經典食材回應土地問題

「東風經典食材」創辦人　李筱貞

用「消費回饋生態」來回應創業初衷

台灣耕種面積減少，土地污染增加，投資者覬覦土地，人民養生需要土地，在這數者之間存在著吊詭的數據與空間，東風經典食材從對台灣土地政策的不滿，以「土地復耕」的觀點，開始投入野菜契作與殺菁加工的行列，在營運過程中驚覺產業 發展方向與專業倫理的開倒車，才又自勉勵人加入「良知消費」的觀念。

「天然安全食材」的本份，從「選品項、選土地、選水源、選農民、用安全加工法、選工廠、合乎營養原理的傳播」，七個原則按部就班落實「用消費回饋生態」的理念，營運以來幸運也很辛苦的開發出三個系列商品，分別是冷凍殺菁過貓蕨菜、去蠟糙米（低GI東風超米）、為體弱與運動者設計之養生沖調飲品。

用「在城市風尚養生、助農村欣欣向榮」行銷推廣回歸知識關懷的範疇

▲ 推動共購廚房，不但節省成本，大家也吃得安全、吃得健康。

土地與國民健康陷落的太快，堅守「天然安全食材」，務必落實「土地維護、安全生產、消費者利益、事業成長」四個面向，在行銷與業務的推廣上，消費大眾擁有的資訊，往往是廣告商的片面擴大與朋友間剪貼傳送的章節與片段，面對這些，東風雖有廣告業者的經驗與技術，也要警覺養生與美食需先認知身體與體質的限制，同時體認上班族時間與精力的有限，所以設計「共購廚房」與「低GI主食研習」兩種服務課程，前者以上班族為服務對象，十至二十人共同分攤操作一週的無煙五色高纖無國界美食，後者到社團與企業研習，讓學員在認識與品嚐低GI飲食的過程中，同步學習監控與檢測一家人的血糖血壓與血脂。

一路走來，發覺自己跟著這片土地呼吸與調息

年輕時的技術養成見識開廣，相映著台灣的起飛與成長，九二一地震災區服務後，從意氣風發到沉默探索，進而離開廣告人崗位入行農業駐足，冷暖甘苦自知而不悔！台灣的農業食材加工的領域中是有些到位的人材與條件，但極欠缺的是文化風氣與方向感；有點像台灣的老農，有著豐富的經驗與耐力，但確不知為何而

▲ 純淨、滋養、風尚的食材，激發與創新台灣新飲食文化風格。

戰，也不懂應有所為有所不為的自律，所以農地破碎化糧食自給率逐年下降、土地與河流污染萬劫不復、食安失守與業者沉淪、如果農業、食材、加工三者仍獨善其身圖利自我，土地與國民健康一直會是弱勢與受害者，在這片土地受益成長的我，面對的是生命的自覺與選擇——她（土地）的問題，就是我人生的課題，我以一個行銷人慷慨切入，越經營越體會，若能養成有一個成熟老練與天真熱誠的復合體，更能將「土地復耕」與「良知消費」的理念實踐，並將東風經典食材品牌的初衷落實與廣傳。

14

「大愛感恩科技」董事長／黃華德

環保公益領航者

隨著環保意識的抬頭，全球產業正式進入了綠色經濟時代，在產品製造過程中運用科技，力求節約資源、減少污染。

台灣本土企業「大愛感恩科技」是其中的典範，開啟寶特瓶的再生循環，賦予新價值，不但減少地球資源

▲

品牌：大愛感恩科技

產品：將回收寶特瓶製成為環保紗線，產品包括毛毯、服飾及各類生活織品。

▲ 利用回收寶特瓶研發製成的愛心賑災毛毯。（攝影者：黃筱哲，慈濟基金會提供。）

的開發，也解決了大量塑膠製品回收的問題，可說是名符其實的「垃圾變黃金」！

常常在第一時間抵達災難現場，提供全球賑災與人道救援的慈濟，每年發放數十萬條賑災毛毯，證嚴法師提出「紡織聚酯布料跟寶特瓶同樣是提煉自石油，那能不能將回收的寶特瓶，做成賑災毛毯？」的想法，讓黃華德、李鼎銘等五位實業家深受感召，於二〇〇八年集資成立「大愛感恩科技」，投入研發環保再生織品技術並推出毛毯、圍巾、服飾、收納箱包等多種環保再生產品。

「大愛感恩科技」也是國內第一家環保公益企業，五位實業家將股權百分之百捐贈予慈濟基金會，讓公司盈餘全數回饋慈濟，作為國內外賑災及公益慈善之用，創造了企業家參與公益、回饋社會的全新模式。

▲ 總經理李鼎銘（左一）參與綠色生產力國際高峰論壇，分享大愛感恩科技對企業社會責任的使命與行動。（攝影者：中國生產力中心提供。）

有實業家無私地貢獻研發、產銷等企業管理能力，「大愛感恩科技」能將回收的寶特瓶重新製成環保織品銷售到市面上，更是整合了無數環保志工及紡織業上、中、下游的合作夥伴，以愛心接力的方式完成。

李鼎銘表示，寶特瓶再生技術的關鍵在於回收分類的「源頭」，否則抽紗的過程很容易斷裂，因此在全台灣五千四百多個慈濟環保回收站，建立資源回收標準流程，有超過八萬名環保志工將每日回收的資源加以清洗、分類，確保原料的純度，才交由下游廠商壓碎、塑化及抽紗。

製程端共有五十家以上的公司，大家將自身的專業轉換成良能，協力完成每一項環節，共同響應「與地球共生息」的理念，回收寶特瓶才能化身成為這麼多樣且兼具實用性的產品。

實業家、環保志工、合作夥伴在「大愛感恩科技」的平台下，整合成為一股守護地球，傳遞善與愛的力量。

自成立以來，「大愛感恩科技」持續進行產品製程的技術研發，落實開源節流、節能省碳的環保理念。從

▲ 結合5,462個慈濟環保站及20多萬名志工菩薩，其所孕育的環保人文，正是台灣最具內涵的軟實力。（攝影者：陳品穎。）

原料到生產製造過程，均通過無人體環境有害物質及符合回收標準的檢測，得到國內外多項認證標章。

不斷提升技術，寶特瓶化身為大愛紗，已研製成多種機能布料，具有排汗、涼感、保暖、除臭、抗靜電、防潑水、防電磁波等功能，成為全球最先進的紡織材料，讓台灣的環保綠色科技受到國際的注目。

同時「大愛感恩科技」也積極打造MIT「環保『心』時尚」的品牌價值。首創紡織業界產品的「生產履歷回溯卡」，消費者可以追溯產品的原料源頭和節能減碳的數據，賦與每件產品特殊的故事性與環保消費的重要性，也透過海外參展推廣通路及展店機會，期望環保品牌「DA.AI」能從台灣出發、放眼全球。

倡導愛地球、惜資源的「大愛感恩科技」由五名實業家共同發起，貢獻自己的商管能力及資源，從發展技術及品牌行銷兩方面著手，透過整合環保志工、合作夥伴的力量生產製造，與施振榮先生提出的「微笑曲線」不謀而合，因而創造企業永續經營的價值，又無私地將公司股權、盈餘全數捐贈慈善機構，為台灣企業樹立典範，是「以商業經營實現社會公益目標」的最佳寫照。

▲ 董事長黃華德參與菲律賓賑災，盼災民能儘快復甦生活，讓生機重現。（攝影者：黃筱哲，慈濟基金會提供。）

慈悲科技之環保善機

「大愛感恩科技」董事長　黃華德

初發精進承使命

當初　證嚴上人的一句話：「既然聚酯纖維（polyester）製成的布料跟寶特瓶都是石油做的，那能不能將寶特瓶回收再製成日常紡織產品？」促使大愛感恩科技的成立。因為對於紡織的專業和敏銳度，知道這個是一個商機，也因為在接觸慈濟寶特瓶回收後，重新點燃以前對品牌夢想的熱情，「做事業要考量客戶、市場、產品，難與慈善理念完全結合，這是難得的好機會，能化商機為善機。」大愛感恩科技於是將環保與慈悲科技結合，將有限資源發揮最大的效用，將每一個人和企業的良能、環保理念與愛心匯聚，成就一個無私愛心平台。

認證榮耀予肯定

大愛品牌（DA.AI）五年來亦持續獲得各項認證與肯定，展現全方位的綠色典範。其中代表性的灰色環保毛

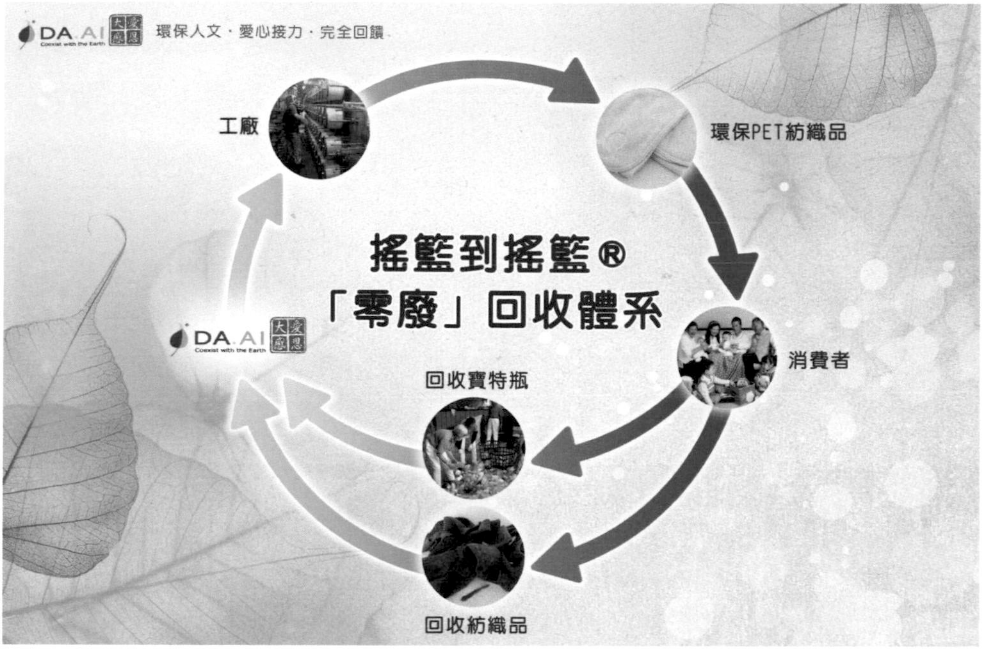

▲ 生產全程以零廢為最終目標，產品亦可回收成為原料再使用，其永續精神取得全亞洲第一張環保再生紡織的搖籃到搖籃銀級認證CM。（攝影者：大愛感恩科技提供。）

毯通過了德國萊因產品碳足跡、水足跡雙驗證與日本環保標章，針對環保再生紡織品之供應鏈製程，導入了荷蘭彼得森管制聯盟（Control Union）之全球回收標準驗證（Global Recycle Standard），去年九月更是通過BSI英國驗證ISO9001品質系統與ISO14001環境管理認證。「灰色環保毛毯」多年來已接二連三獲得國內外環保認證與獎項肯定，不僅減廢更以零廢為最終目標，環保再生毛毯回收亦可再次成為原料使用，以達到工業循環為目標，以其永續性的精神取得全亞洲第一張環保再生紡織的搖籃到搖籃銀級認證CM。品牌與企業亦獲得多項政府獎項肯定，包括經濟部中小企業創新研究獎、連續三屆「綠色典範獎」與「台灣精品獎」、四百三十一項產品獲得MIT微笑標章、國家環境教育獎、行政院國家永續發展獎、企業社會責任獎等，成就大愛（DA.AI）集「人文內涵、環境永續、社會回饋」於一身的領導品牌。

淨化大地啟心靈

「這是台灣的驕傲，小小一個島，啟發國內外環保人士前來取經。」這個到我六十多歲才誕生的品牌，將我的事業與志業結合，帶入另一個善的循環。大愛感恩

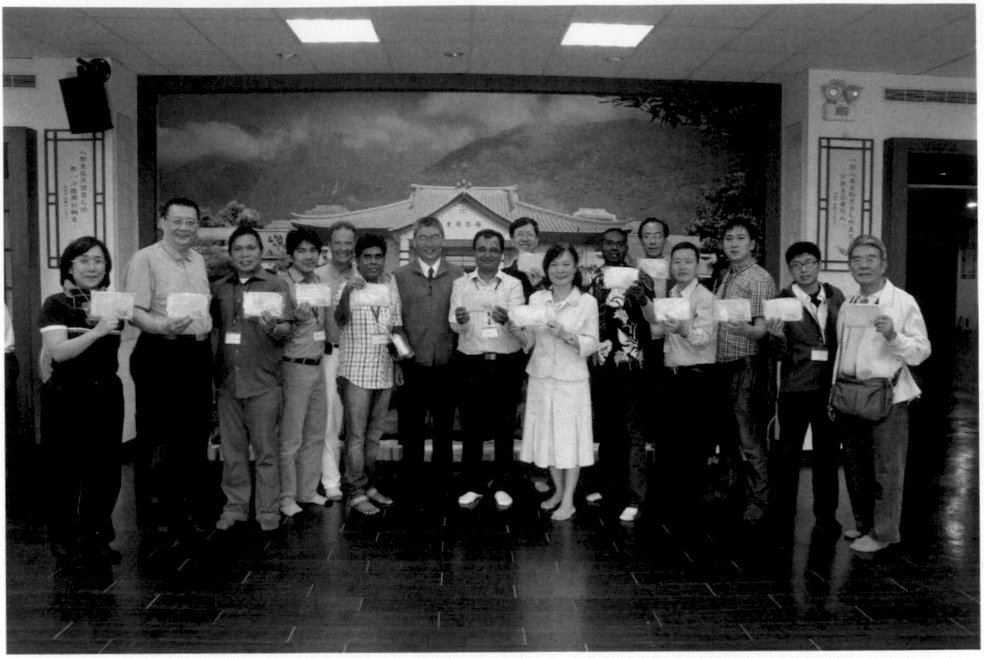

▲ 亞洲生產力組織綠色卓越中心的學者專家參訪內湖園區。（攝影者：大愛感恩科技提供。）

科技從環保菩薩資源回收展現的環保人文，到實業家發揮專業良能的愛心接力，再藉由慈濟回饋社會作為慈濟國內外賑災與備災最強而有利的後盾，並隨著慈濟人關懷世界苦難的足跡，為遭逢急難的人提供即時的溫暖和撫慰。我相信這應該是全世界第一家以環保為宗旨的完全公益企業！公司所有的投資及盈餘，完全回贈慈濟基金會做全球性的慈善與社會公益，善盡企業社會責任與地球公民的使命。

匯聚大愛廣恆行

「天下苦難多，人人應負起責任，淨化人心，穩定社會，向天下播善種子。」　證嚴上人多次在溫馨座談中都會慈示這份責任感，工業革命後，實業家主導能源消耗的商業模式，雖然滿足了人類欲望，但　上人屢屢開示我們應發揮實業家的良能與良知，帶頭回饋大地。良能來自我數十年紡織的專業與隨慈濟救災賑災的經驗；良知則來自　上人多次於海內外賑災時開示：「頭頂著這個國家的天，腳踏著這片土地，實業家應該帶頭回饋當地」。近期參與菲律賓賑災，看到那些受苦受難的災民，「從前我是個富有的窮人，懂得回饋後才找到

▲ CSR頒獎典禮：公司長期落實環境保護教育、善盡企業社會責任，共植福田成就大愛。（攝影者：大愛感恩科技提供。）

心靈真正的富足。」我與共同發起人李鼎銘皆相信企業與個人最強的力量，皆來自於　證嚴上人的悲願：「發心堅固、能恆持即時力量微弱如小螞蟻，也能帶動人人一起轉動須彌山。」大愛感恩科技盡一己棉薄之力，長期落實環境保護教育、善盡企業社會責任，也希望這個愛心平台，廣邀天下有志之士，共植福田成就大愛。

15

「繭裹子」創辦人／楊士翔（右）、蔡宜穎（左）

繭裹子TWINE
www.twine.com.tw
公平貿易
Fair Trade

▲

品牌：twine（繭裹子）

產品：販售台灣設計、與國際公平貿易組織合作生產的各式手作商品及生活雜貨。

公平貿易與文創搭橋

談到公平貿易，你第一個聯想到的可能是咖啡和巧克力，但其實這種以協助弱勢生產者改善生計及生活條件為訴求的新型貿易關係，可以廣泛落實在生活各個方面。

「繭裹子」是台灣第一個世界公平貿易組織WFTO的會員，販售台灣設計的公平貿易商品。

▲ 店裡販售各式手作小物，帶你走進公平貿易與環境友善的世界。

楊士翔與蔡宜穎原本在上海從事建築設計工作，閒暇之餘開始了環保設計的手工創作，產品設計及理念在展會上頗受好評，返台後兩人有志一同投入公平貿易的行列，成立「繭裹子」致力於環保產品的設計，以及推廣公平貿易的理念，建立屬於台灣自己的公平貿易品牌。

「其實公平貿易的概念涵蓋很廣泛，不僅限於生產者獲取合理工資而已」，楊士翔詳細地解釋。

公平貿易是一種追求對等夥伴關係的貿易型態，交易過程必須公開透明且彼此信任，而認證標章是幫助讓消費者辨認購買產品是符合環境永續、勞動人權及第三世界的發展利益。

公平貿易組織鼓勵生產團體利用當地的原料及傳統技術生產製作，並限制使用化學染劑、農藥與化肥，以保護自然環境；工作環境必須安全健康，且沒有欺壓勞工、性別歧視或剝削童工的行為。

▲ 每項商品背後都有一個溫暖的故事與一份對世界的關懷。

另外，買方需另支付社區發展基金，協助提升當地的基礎建設、醫療資源及教育水準。

相較於自由貿易強調的降低成本，造成跨國企業壟斷及國際貧富懸殊差距的現象，公平貿易的興起，是希望藉此補救自由貿易的缺陷，讓弱勢生產者逐步邁向自力更生，脫離貧窮困境。

「繭裏子」位在永康街及溫州街的兩間小小的店面裡，氣氛溫馨又富有異國風情，楊士翔與蔡宜穎利用回收材料精心布置，店中從樂器到食器、服飾到家飾，所有的產品都是第三世界國家的婦女手工製作而成。

「我們這邊還真的找不到一模一樣的商品，即使是Logo，每個媽媽繡的就是不一樣。」楊士翔笑著說，但這也造就了公平貿易商品的獨特魅力，吸引許多住在中南部的朋友專程北上來選購。

工業機械化量產的時代，處處要求標準化、規格化，但在「繭裏子」這些規則全被推翻了，獨一無二、樸質又富有生命力的產品，兼具保護環境與人文關懷，是傳統手工藝技術和現代設計的完美結合，也為文創設計產業與公平貿易開創出發展的契機。

「相較於歐美及日韓各國，台灣大眾對於公平貿易的概念是相當陌生的。」目前仍屬於小眾市場的「繭裏

▲ 結合台灣設計與傳統技術，一針一線縫出獨一無二的商品。

子」面對的困難是，運費成本未達規模經濟且產品採購價格較高。

這樣的商業模式要成功，必須仰賴大眾對於不公義的消費型態有所覺醒，並願意做出改變去支持公平貿易商品才行。

所以行銷上，楊士翔選擇透過Facebook等網路社群及公開講座，推廣公平貿易及「繭裹子」的理念，店面地點也排除掉人來人往的熱門地段，而隱身在人文藝術氣息濃厚的靜謐小巷裡，就是希望多與顧客互動，介紹每件產品背後的故事——來自哪裡、用什麼材質製作、生產者是誰？拉近消費者與產品間的距離。

公平貿易已成為楊士翔生活的一部分，他白天要開店、晚上下班後開發設計新產品，並持續與世界各地的生產者連繫。雖然辛苦，但他知道自己的努力正一點一滴地改變這個世界。

在消費的過程中，我們很少想到生產者所拿到的薪資是否合理，在追求低價的氛圍下，我們也很少關心勞動者是否被欺壓剝削。公平貿易販售的不只是商品，還有公平與正義！

▲ 貧窮國家的生產者獲得合理的報酬，改善生活條件。

設計改變世界

「繭裹子」創辦人　楊士翔

二〇一一年繭裹子投入公平貿易產業的工作，在兩年之後加入了世界公平貿易組織（WFTO）成為在台灣的第一個認證會員，公平貿易這個工作領域非常的廣泛，從服飾到生活用品，餐具到有機玩具，幾乎每個與生活有關的物品和食品都有所謂的公平貿易產品！它們不只是一樣樣的手工藝品更代表著背後無數個生產者的故事以及快消逝的工藝技術，公平貿易保障了生產者應得的權益，提供了穩定的工作機會也讓小孩和老人有完善的照顧，除了跳脫出一般的貿易層層利益的關係之外，生產者和工作環境都是這項產業重視的工作。在過去的幾年裡我們陸陸續續與來自南亞，南美，非洲三個地區的三十餘個組織合作，每個地區有著截然不同的文化特色，擁有天然的材料，五花八門的工藝技術，從織布、陶藝、石雕……等等，幾乎是零排碳的生產方式，屏除現代工業過度製造而對於「人」和「環境」缺少應有尊重的弊病。

▲ 一個好的設計產品是尊重環境與社會關懷。

在尼泊爾的村落中，婦女們因為能源不足的關係保留著手工紡織的技術，也因為使用電氣用品不是那麼方便，腳踩縫紉機也因此保留下來並且還是主要的工作，反而全自動的機器都放在角落沒有使用。也許因為沒有能源讓貧窮的村落更顯得落魄，風化的土磚，滿臉皺紋的老人，似乎從來沒有清理過的垃圾，隨時都有人在公共自來水龍頭下洗澡，幾乎和村落一樣老的烏鴉發出不太吉祥的聲音，這樣的一個村落卻是幫全世界無數個公平貿易組織製作最新最流行的產品，慶幸的是這些婦女在幫公平貿易組織工作，所以這一切都是透明到什麼都看得見。

一件衣服標籤上的價錢背後究竟付出了多少的代價，人力！環境！許多發展中國家靠著製衣產業讓GDP好看一點，而許多為了利益的大品牌大量的製造所謂的流行服飾，但在這個巨大的商業模式下犧牲了許許多多的勞工，這些貧窮的人們每天賺取不到一美元的薪水過著艱辛的生活，然而他們製造出來的衣服卻在市場上供大家購買，在這樣領號碼牌購買服飾的當下世界的另一端付出的代價是我們看不到的悲慘世界！甚至在這些勞工裡面又有著所謂的童工，曾經有朋友問到：童星和

▲ 社會大眾可以透過消費行為支持公平貿易的理念。

童工的差別，不一樣是犧牲一點時間幫忙打工嗎？表面上是如此沒錯，直到我們在印度新德里見到真正的童工，應該讀書上學的年紀卻在密不通風的小房間裡面工作著，手裡做的可能是下一季會出現在台北街頭流行的飾品，這已經不是打工幫忙家計的工作，小朋友們一個月領一千盧比相當於五百台幣，就直接住在這間房間裡面，房間裡面沒有所謂的床，更沒有燈火，連張桌椅都沒有，所有的小朋友坐在地上工作著，這樣的代價遠遠超過標籤上的價錢！

公平貿易過多的理論和理念無法讓一般人了解其中真正的意涵，我們實際參與公平貿易工作後發現它是非常單純的一個產業，透過我們所學的設計美學與公平貿易產業結合，使得傳統手工藝並沒有因為緩慢而消失，反而更有價值。公平貿易產品質樸的外表彷彿把現代冰冷冷的產物又穿回古老的外衣，人們從食物和穿著到給小孩的玩具開始從有毒與否到追求有機，這是一種現代生活風格的最大轉變，要吃得安心、穿得安心，東西的來源和如何被做出來愈來愈重要。公平貿易與其說是結合了社會議題和環境議題的一種運動，可以更簡單地說公平貿易可以帶來一些你我、偏遠地區的人們和整個地球的巨大轉變。

16

「弘道老人福利基金會」執行長／林依瑩

弘道老人福利基金會
中華民國弘道志工協會

▲

品牌：弘道老人福利基金會
服務：提供長者社區照護服務及「不老夢想」各項活動，打造銀髮族樂活人生。

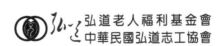

為高齡社會注入活力

隨著醫療科技的進步及少子化的影響，台灣早已邁入高齡社會之列，政府及社福團體雖然都長期關注這個議題，提供老人照護或探視的服務，但基本上都是在「老人是社會問題、弱勢族群」的框架下運作，直到去年「不老騎士」電影的上映，才開始扭

▲ 童心十足的不老騎士。

轉社會大眾對老年人的刻板印象，對於老化議題有了正向的觀點與態度。

曾獲十大傑出青年表揚、現任「弘道老人福利基金會」執行長林依瑩是這一切的幕後推手；在幸福和樂的三代同堂家庭成長，是她日後投入老人服務工作最大的動力。

林依瑩從小便與擔任村幹事的父親一同參與社區服務活動，種下熱心公益的種子；與一手把她帶大的阿嬤感情尤其親密，看到阿嬤年紀大行動不便都還要兒孫推她坐輪椅到田裡採收蕃薯，更激發她想要鼓勵並協助老人家們實現夢想、重拾生命價值的理想，打造長者可以參與社會活動、實現自我的平台。

從事老人服務工作十多年，林依瑩說，「對於老人的照顧，台灣著重於醫療照護，活躍老人這一區塊往往被忽略。老人參加活動、有同伴相互扶

▲ 圓夢帶給長輩笑容。

持鼓勵，有助身心健康、延緩老化，不但減少了家庭成員的照護壓力，也間接降低了社會所需付出的成本。」

二〇〇五年，當時年僅三十二歲林依瑩接下「弘道」執行長的職務，她的積極投入與熱忱為機構注入許多創新發想的能量。以「不老騎士」為起點的「不老夢想」持續發酵中，現在也陸續有重溫軍旅生活的「不老戰士」、登上小巨蛋的大型舞台秀「仙角百老匯」，以及享受墾丁陽光海灘的「不老比基尼嘉年華」等展現活力與自信的機會。「弘道」另結合各界資源為長者量身打造圓夢計畫，有九十二歲阿嬤當高鐵一日車掌、八十一歲的阿公開畫展，帶動起全台老人圓夢風潮。

此外，為林依瑩也從體驗教育著手，以社會企業的概念開辦高齡者生活體驗營，透過體驗裝備包括音阻塞、老花眼鏡、駝背背心等模擬老年身體退化的情況，並藉由一連串的關卡與引導，讓參與者親身感受老化的世界，進而培養對老人的同理心，推廣社會大眾敬老、愛老的文化。

彌補現行長期照顧制度的缺失，「走動式照顧服務」是「弘道」今年開始試辦的創新服務模式，以社區及居家服務經驗為基礎，結合受過專業訓練的照顧服務

▲ 不老騎士車隊。

人員及外籍看護工，提供短時間、多次數的客製化服務，服務內容可依家庭不同的需求彈性調配，從身體照顧、協助完成日常生活事宜等，並依照不同的需求程度收費。

試辦階段以八名台灣居家照顧員搭配八名印尼籍看護，兩人一組支援分工，由八組人員服務二十四個家庭，可望有效解決台灣照顧服務人員不足、家庭經濟負擔沉重、外籍看護工照護品質及管理問題，對於不需要二十四小時照顧服務的家庭，提供另外一種選擇。

經營公益團體，林依瑩刻意捨棄悲情的募款模式，在創新服務的思維下，將「弘道」的三大核心價值——弘揚孝道、社區照顧、不老夢想，找到更多發展的空間，也進一步將「弘道」提升定位為老人關懷服務產業的創新研發平台。

▲ 仙角百老匯帶領長輩站上小巨蛋。

看見真實的需求

「弘道老人福利基金會」執行長　林依瑩

因著台灣邁入高齡化社會，弘道老人福利基金會於一九九五年於臺中成立，當年政府對老人尚無太多關注，因此弘道的服務多靠民間募款來發展，並透過全國各地志工站提供獨居老人在宅服務，幫助老人在地安老。

一九九八年後，政府開始關注老化議題，逐漸推動各項老人政策，並委託民間團體承接各縣市老人服務方案，如居家服務、老人送餐等。早期因專注投入在老人服務的團體不多，因此每年都有許多縣市政府主動來邀約承接方案，全盛時期，服務遍及十三縣市，經費來源高達八成為政府補助。但大量承接政府方案，讓團隊忙碌於政府繁雜的行政作業、服務內容也限制化。於是二〇〇五年後，弘道開始思考應如何將力量運用在真正的老人需求上。

當時，我們發現全國上下都籠罩在老人是失能、是負擔的負面思維，從政策到服務提供都只談長期照顧。於是我們帶領十七位平均八十一歲老人家完成騎摩托車

▲ 活力銀髮健康操大賽-阿公阿嬤開心地在台上揮舞著。

環島的夢想，並拍攝紀錄片，運用影像力量，鼓勵老人相信自己仍可以有夢想，鼓勵社會大眾要相信老人，給老人機會。

影像力量無限大，從二〇〇八年五十分鐘的短片，到二〇一二年九十分鐘電版本上映，到二〇一三年符合奧斯卡報名資格，不老力量持續擴及全球。二〇〇八年我們更創辦「全國阿公阿嬤活力秀」，帶領社區老人站上不老舞台，二〇一一年正式納入國健署最亮眼的老人健康促進政策，目前每年參賽人數高達七萬人，具體實踐世界衛生組織大力推動的「活躍老化（Active Ageing）」理念，隨後又推動不老棒球、不老比基尼嘉年華會（墾丁）、每年帶三、四百位素人長輩上臺北小巨蛋，讓不老夢想成為世界頂級的預防照顧推動。

活力秀推動後，我們也看見弘道一大優勢：成為實務研發的政策搖籃。弘道長期提供第一線服務，常態服務四千八百多位獨居、失能老人，我們深入社區、家庭並發現需求與困境，從中研發符合本土民情的老人照顧模式。於是，二〇一三年，我們毅然決然在困難重重之中推出「走動式服務」，不但成功吸引

▲ 不老棒球讓大眾看見老人的活力。

年輕人力投入擔任把屎把尿的照顧秘書，也提供老人一天多次彈性完善的服務，同時打造印尼同事友善人權工作環境。未來，很期盼能成功建立優質社區照顧模式，並納入國家政策全力推動普及化，讓台灣老人尊嚴溫馨地走完的最後一哩路。

不老騎士及延伸的不老夢想成功建立活躍式的「預防照顧」；走動式服務也讓我們看見優質「長期照顧」模式的可能性。面對台灣人口快速老化，弘道有幸扮演預防照顧及長期照顧推手，相信不久的將來，台灣將能從「高齡危機」邁向「高齡契機」，進而發展成出台灣高齡軟實力，引領全球。

一路走來，我深刻體會所謂的創意是根源自「看見真實需求」，不畏難難地向前走，總有一天，你會創造出世界的美好！

▲ 棒球讓老人迎向陽光與健康。

17

「雨林咖啡」創辦人／吳子鈺

守護雨林的實踐家

地球暖化與氣候異常的現象接踵而至，環境議題持續發燒中，但被稱為「世界之肺」的熱帶雨林仍面臨強大的開發壓力，以驚人的速度消失當中，成為全球最嚴重的生態問題之一。

身處在台灣的我們，究竟能為保育雨林做些什麼？

the雨林咖啡 Rainforest Coffee

▲

品牌：雨林咖啡

產品：產於印尼蘇門答臘亞齊省的曼特寧咖啡豆及掛耳式隨身咖啡包。

▲ 深入印尼蘇門答臘，實踐對第三世界農民與雨林的關懷。

「雨林咖啡」吳子鈺以咖啡為橋樑、雨林為標的，用具體行動走出台灣，實踐他對第三世界人民與環境的關懷。

南亞海嘯後，吳子鈺第一次踏上印尼蘇門達臘從事義工及重建的工作，他深深地被當地的生態、歷史、社會文化吸引，但也看到印尼人民仍遭受到後殖民主義影響的真實現況——為求經濟發展的政府與唯利是圖的企業過度開發雨林，取而代之的是棕梠、咖啡等出口經濟作物的種植園區，而農民卻仍過著低於貧窮線以下的生活。

吳子鈺決定拋棄台大法律系高材生的光環，著手進行他的「雨林咖啡」計畫，直接進駐蘇門達臘亞齊省的農村做第一線的經營，用高於百分之五到十的收購價直接回饋給契作農民，並把盈餘用到熱帶雨林的關懷和復育上。

▲ 與當地農村建立合作關係，進行第一線的經營。

吳子鈺說：「雨林的問題龐大且複雜，與其說拯救雨林，我的初衷只是想建立一個台灣人能直接關心雨林的管道。」

吳子鈺二〇〇七年開始進入產區，對當地的農村結構、農民生活、交易型態進行了解，從互動中建立彼此信任的基礎。

「文化差異、政經情勢動盪，在低度開發的地區從事貿易是充滿挑戰的；而舟車勞頓進入產區、往返農園間，也是對個人體力與毅力的考驗。」吳子鈺應該是台灣第一個，也是唯一一個如此深入第三世界國家實踐公平貿易的理想。

沒有雄厚的資金與組織的支援，當時吳子鈺的創業資金是用目前最流行的「群眾募資」的方式，透過網路上的一封封信，闡述「雨林咖啡」的理念及計畫，希望獲得消費者的認同及一人一萬元的資助，並允諾接下來的兩年內每個月用一磅咖啡的方式回饋贊助者，讓人意外的是這初期二十多位的贊助者中，除了親友，竟然有一半是憑藉這封信就主動匯款支持的陌生人。

「真的非常感動，我告訴自己為了他們，再怎麼辛苦也要把計劃繼續完成！」

▲ 從採購、包裝到販售，一切親力親為。

常年投注於印尼生產端與雨林保育工作，奔波回台後，吳子鈺幾乎也是自己一人負責後續的載送烘培、包裝與銷售，但人力及資源有限的「雨林咖啡」在台灣一直都是慘澹經營，除了與台北集賢和新竹愛恆等兩家庇護工廠合作，銷售通路就靠主婦聯盟、農民市集、獨立書店等理念商店。

吳子鈺一直不想將可能增加的行銷費用，轉嫁到消費者身上，淪為一般的商業操作。即使不能切進主流銷售系統，也要盡量創造出不同的方式和價值，達到社會企業的理念。

隨著「雨林咖啡」開始在台灣銷售，雨林保育的行動也陸續展開。相信教育是改變印尼未來和脫貧的途徑，吳子鈺已與印尼三所大學合作，提供獎學金進行熱帶雨林及熱帶殖民農業的基礎研究五十多篇的論文成果未來可望應用在保護雨林的計畫當中；近兩年，更擴大延伸至中小學及農民教育。

「唯有提升當地民眾對環境的保護意識，他們才能更具有自主性地捍衛自己的家園。」

一杯「雨林咖啡」的背後，竟然有這麼多動人的故事、滿滿的理想與愛心。

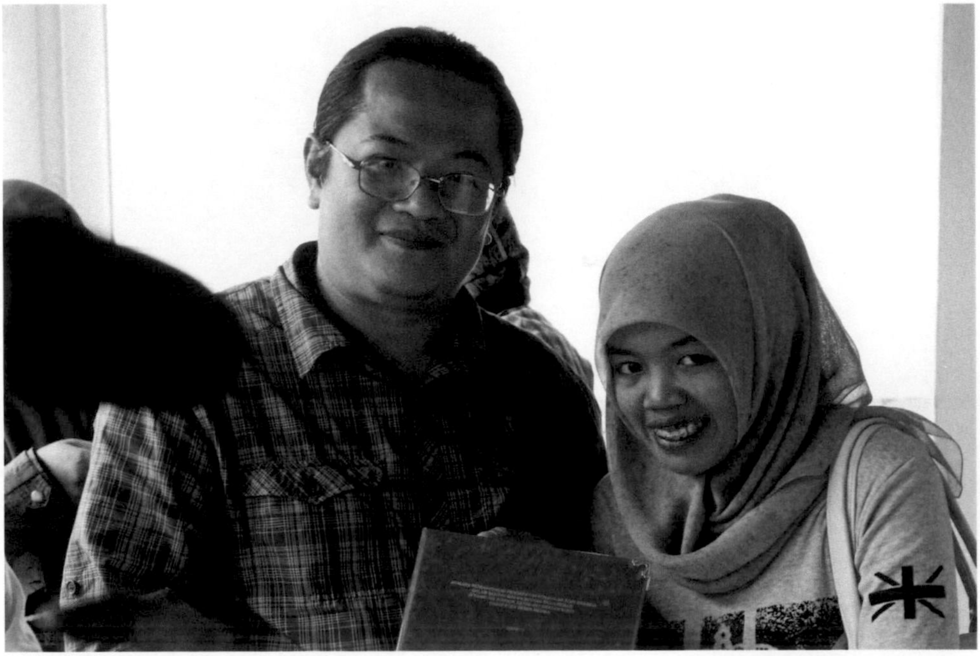

▲ 提供獎學金，協助當地學術機構進行雨林研究。

一個從零開始的夢想

「雨林咖啡」創辦人　吳子鈺

「雨林咖啡」是台灣第一個，也是唯一一個實地到第三世界咖啡農村實踐公平貿易的咖啡。

在台灣所銷售的公平貿易咖啡，幾乎都購自於西方，我們要做的，是直接到產地去做第一線經營，累積台灣對於所謂公平貿易的實踐經驗和主體性；也就是說，跨國到印尼去，對當地的農村結構、農民生活、交易型態開始觀察，並且切入合作，一方面在台灣開始發聲敘說另一種「國際觀」，另一種「消費可以改變世界」的模式。

二〇〇七年夏天，「雨林咖啡」團隊踏查了印尼蘇北省及亞齊省三個咖啡產區，團隊選定亞齊省著名產區Takengon，至該地進行了對生產流程、交易方式的田野探勘。二〇〇八年五月底，「雨林咖啡」在Takengon地區進行了第一次公平貿易的實踐，並在台灣嘗試銷售。二〇〇九年十月，「雨林咖啡」在第一次購買的基礎上，又到中亞齊Bener Meriah的Gayo著名產區進行第二次公平貿易購買。從二〇〇九年以來，我們在產區經由

▲ 沒有中間剝削，建立蘇門答臘當地對咖啡產業的主體性及詮釋權。

不斷的田野調查及實地購買，拓深了我們的社會關係及購買基礎，漸次擴大我們的回饋規模，從早期的村莊農具、生活必需品，到村莊的供水系統、清真寺重建，到近期的農民教育計畫，皆已與當地政府及大學合作，逐步實行。

「雨林咖啡」也是台灣唯一把販賣咖啡所得用於印尼熱帶雨林關懷的咖啡。

咖啡是典型熱帶栽培業的農作物，乃西方過去數百年殖民主義、帝國主義體制形成的農產業，採取單一種植（Monoculture）方式，破壞熱帶雨林。「雨林咖啡」希望透過與蘇門答臘當地大學的合作，進行雨林及熱帶栽培業研究，培力當地學術機構對此一議題的論述主體性，並為台印未來雨林關懷行動鋪路。獎學金計畫自二〇〇八至二〇一二年底，計四十三位學生四十三篇畢業論文及一位教授之研究計畫。

「雨林咖啡」與兩家庇護工廠合作（台北集賢和新竹愛恆）咖啡的加工和銷售，並與台灣主婦聯盟消費合作社、獨立書店等理念商店，以及數個農民市集合作。雨林咖啡希望，在銷售面，即使不能切進主流系統，也能盡量創造出不同的方式和價值，以達社會企業的理念。

▲ 喝一杯雨林咖啡，將消費轉化成保育雨林的行動。

起初，「雨林咖啡」只是一個夢想。

首次台灣人走進印尼蘇門達臘亞齊省的咖啡園，深入咖啡農的生活，希望傳達三千公里以外的台灣，對蘇門達臘咖啡產區以及這個世界的關懷。

從零開始的夢想。我們沒有任何資本，沒有對咖啡的認識，沒有任何商業經驗，但卻奇蹟似地存活下來。感謝朋友的支持。感謝台灣這塊島嶼活力四射的熱情。我們對自己說，同時也分享給朋友，魯迅先生在一九二一年所寫的，至今仍動人心魄的一段話：「希望是無所謂有，無所謂無的，這正如地上的路。其實，地上本沒有路，走的人多了，也便成了路……」

18

「歐萊德」總經理／葛望平

打造髮妝綠色供應鏈

地球暖化、氣候驟變，近年來世界各國及消費者的環保意識抬頭，製造業也正掀起一波綠色革命，高生產率及低成本不再是製造生產唯一的考量，綠色產品及製程技術成為企業競爭力的關鍵因素。

「歐萊德」（O'right）以「自然、純淨、環保」為品牌理念，是國內唯

O'right 歐萊德
自然純淨髮妝
Green Hair Care

▲

品牌：O'right（歐萊德）
產品：綠色有機的美髮及肌膚保養產品。

▲「瓶中樹」洗髮精，榮獲2013紅點設計大獎最高榮譽Best of the Best 2013。

一從行銷、設計、研發、製造、銷售、服務，全面貫徹綠色品牌精神的環保髮妝產品公司。

在髮妝產業超過十年的葛望平，創立「歐萊德」之初只是一家國外美髮品牌的代理商，因為突然遭逢父親腎臟病、母親肺癌相繼過世，讓他深受打擊，但也有了重新省思自己的人生及工作意義的機會。

父親是典型的退伍老兵，為國家、社會有一分崇高的使命感，父親生前的一段話「你將來若是事業有成了，但是已經沒有父母可以孝順，那麼就把這分孝心，回饋給社會、國家。」

把小愛轉換成大愛的遺願，點醒了意志消沉的葛望平。

父母親的病痛，加上自己過敏體質，葛望平決定將企業轉型為綠色、環保企業，投入研發生產以天然植物為主、屏除所有化學有害物質的髮妝

▲ 全體員工以行動貫徹企業精神，成功打造綠色品牌。

產品，「我們很清楚消費者需要什麼樣的洗髮精，但我更主張要生產符合大地、溪流期望的洗髮精！」

對環境友善的理念與堅持，葛望平不斷為「歐萊德」灌注環保的創新思維與作為。丟下一個瓶子，長出一顆大樹的「瓶中樹」，不但取得國家專利，也獲得德國紅點設計大獎最高榮譽「Best of the Best 2013」，瓶身採用獨特的生物可分解材質製成，埋入土裡後，預藏的相思樹種子便會自然吸收瓶子分解的養分發芽成長。

葛望平進一步打造「綠色供應鏈」，成為台灣唯一通過「碳足跡標籤」及「碳中和」認證的中小企業廠商，相信「碳足跡認證是未來產業的趨勢，即使是中小企業也能兼顧公益與利益」，碳足跡的盤查過程繁複，葛望平仍成功帶領上下游整體供應鏈完成認證，一同生產低碳又環保的產品。

二〇一二年剛落成啟用的「綠建築總部」，前瞻地打造出人、建築與自然永續共生的環境，自設太陽能板與風力發電等綠色潔淨電力從事研發製造，成為台灣綠色廠房的指標性建築。

因為健康環保、綠色永續等差異化的訴求，「歐萊德」品牌順利打入台灣中高端沙龍市場，建立廣大的忠

▲ 以低碳、節能、環保、健康為概念的歐萊德「綠建築總部」。

誠顧客群，現在也進軍歐美市場，打響MIT的綠色精品名號。

相較於一般的髮妝產品，「歐萊德」使用有機原料，並堅持製造流程符合環保要求，其生產成本至少高上二十倍，但葛望平顛覆傳統的髮妝業行銷模式，不高價找名人代言、也不舉辦時尚奢華秀，善用產品自身特殊的意義與話題性，及各種認證與獲獎榮耀，不花任何行銷費用即獲得媒體及消費者的關注，創造出「歐萊德」的綠色品牌價值及市場競爭優勢。「增加的生產成本剛好在行銷上省下來。企業做環保是可以讓股東跟消費者雙贏！」公司業績逆勢上揚、連年翻升，二〇一二年營業額已超過兩億元。

在「歐萊德」綠色環保不是口號，而是實踐在產品製程、供應鏈改造及企業文化等各個方面。葛望平用行動證明，只要有決心與創意，中小企業也有創造綠色品牌價值的實力。

▲ 成功進軍歐洲市場，打響綠色MIT名號。

以大自然為師

「歐萊德」總經理　葛望平

好的設計是來自天地人的融合，能帶給人們更多美好與啟發。

O'right歐萊德為了成就全球最綠的洗髮精，不只是設計一瓶美好洗髮精，更設計了一個美好生態系統；它展現了設計的真實意涵，帶給人們美好的使用經驗與深遠啟發，亦是無毒、環保的綠色領航者。

O'right歐萊德從設計、研發階段便開始落實綠色思維，並應用綠色新知識與化妝品新科技，從綠色原料、綠色包裝、綠色工廠、綠色電力、製造綠色產品，取得「碳足跡」、「水足跡」、「碳中和」、「從搖籃到搖籃C2C」與「生分解」等認證，以創新的綠色經營模式與生產方式打造深具競爭力與創新價值的「綠色供應鏈」，來提供創新綠色服務及開創綠色產業價值鏈。

「只要努力用心，就能把平凡的事變得很不平凡」，堅信著此一信念，以友善對待環境的堅持，做It's O'right的事！

▲ 全球首創第一瓶會長樹的洗髮精「瓶中樹」：瓶子埋在土裡後，藏在瓶底的種子就可以發芽長成大樹。

O'right歐萊德目前雖尚為發展中之資本額不高的中小企業，但以綠色創新之多項實際作為，提升了產業的核心競爭力及發展，藉由開創嶄新的環保綠化產品及創新綠色服務，來促進社會的生活品質與整體生活價值提升。並運用創意包裝及創新研發產品來與在地耕農合作，以實現在地關懷與協助我國農業發展。

O'right歐萊德更以「全員全時、節能減碳、綠色創新、環境保護、綠色永續」之創新經營模式貫徹環保政策，並藉由綠建築總部來全面落實綠色環保理念。歐萊德的創新綠色產品及加值服務目前已行銷多國，並於國內外榮獲多項創意與環保相關殊榮獎項，創新成效已成功提升了國家整體形象及增加台灣在國際間的能見度。

我們清楚客戶需要什麼洗髮精，但是河流又期望一種什麼樣的洗髮精呢？

一九九七年諾貝爾物理學獎得主朱棣文（Steven Chu）博士也是美國能源部長，於二〇〇九年六月對哈佛大學畢業生的演說中，呼籲畢業生展現熱情、投身行動，找出更多搶救地球的解決方案，文中他提到一段

▲ 響應全球「國際淨灘日」，維護生態環境，還給地球一片純淨海洋。

話：「追求專業上的熱情雖然重要，卻不是唯一的目標。將來當你老了，回顧這一生的成就，最大的光榮不會來自於得了甚麼物質或功名，而是你影響了哪些人、帶來了哪些改變？」

我相信明天重視健康的人會比今天更多，明天認同環保的人會比今天更多，提供健康、安全、信賴與樂活生活，帶給消費者終身價值。節能減碳，為地球盡一份心力，創造社會價值。給員工、給客戶、給企業、給社會…都帶來了新的價值觀。歐萊德以綠色品牌所創造綠色價值，從公司內部正面正向的價值觀，串連供應鏈的價值鏈，投入社會公益，凝聚正面向上力量，符合社會輿論與負有社會責任的綠色消費趨勢。

19

「冶綠生活服飾」創辦人／
薛焜中

品牌：Wildgreen（冶綠）
產品：100%有機棉衫及棉織品，亦提供客製T恤服務。

行銷綠色生活

你知道產值只占全球農作物百分之三的棉花，卻使用了全世界農藥化肥四分之一的用量，對土壤、水源及棉農都造成極大的傷害？穿上一件純棉T恤，就等同於穿了一百五十公克的農藥及化學肥料在身上？

其實穿衣也可以有機環保、愛地

▲ 以平價的環保衣著商品，推廣綠色穿衣概念。

球，「冶綠生活服飾」便是以有機棉織品為出發點，推動綠色穿衣概念，達到環境保育及地球永續發展的訴求。

笑稱自己是中年轉業的薛焜中，四十歲那年心念一轉，辭掉外商知名電子公司的穩定工作，決定以推廣生態環保為志業，兼顧工作、家庭及對自己生命價值的追尋，創辦「冶綠生活服飾」，推廣環保綠色生活概念。

有機服飾在台灣仍屬新興、小眾市場，產品以嬰幼兒及貼身衣物為主，薛焜中選擇有機棉T恤，刻意作出市場區隔，也堅持壓縮利潤空間，將產品價格界定於四百元至六百元間，希望透過合理平價的消費，打開有機服飾的市場接受度。

「冶綠」的T恤不酷不炫，幾乎都是原棉的米黃色，但每件產品都展現出薛焜中對台灣社會及地球永續的關懷。

▲ 推廣有機棉是因為了解慣性棉花對環境及棉農的毒害。

堅持百分之百台灣製造，支持本土產業並減少運送里程；不染色、不漂白、不過度包裝且使用生物可分解的環保袋及回收紙箱；跨界與台灣藝術家合作，透過T恤詼諧幽默地傳達生態保育、健康樂活的意念。

薛焜中也堅持不印製傳單及產品目錄，就是希望「治綠」可以以身作則，讓更多人改變生活習慣、改變生活態度，進而改變這個世界。這些種種堅持，正造就「治綠」在競爭市場上的差異化，因而獲得消費者及廠商的青睞。

在品牌與銷售通路上，除了網路及特約合作門市，「治綠」以有機市集作為主要的行銷與銷售的據點，台中合樸農學市集、新竹竹蜻蜓綠市集、台北彎腰農夫市集都可看到薛焜中的身影，透過一次又一次與消費者面對面互動的機會，推廣有機棉，傳遞友善土地、綠色消費的觀念，大大降低了行銷費用及經營門市所需的成本。

「找到一群理念相同的人來共同推廣，對自己會有加分效果」。自家的T恤常常被人誤認是市集制服而詢問購買，但事實上只是市集夥伴們對「治綠」產品理念的認同。

▲ 希望未來所有人的衣著，皆為有機棉或其他環保材質製成。

薛焜中也積極參與保育團體的各項活動，為台灣環境資訊協會的地球日活動製作紀念衫、為世界綠色和平組織製作頭巾。透過口耳相傳，現在「冶綠」取得愈來愈多機關團體的客製訂單，儼然成為台灣環保服飾的代名詞。

期許成為社會企業，薛焜中不以營收成長為公司營運的主要目標，而是希望透過消費散播理念，發揮社會影響力，讓更多消費者及業者支持有機棉織品，減少對地球造成的傷害。

▲ 穿梭在大小市集，與消費者面對面互動。

T恤不只是一件T恤

「冶綠生活服飾」創辦人　薛焜中

「一定有一種生活，可以不再被時間或金錢壓迫，回歸人的本質；一定有一種人生，在做自己的同時，也能夠貢獻社會。」回顧當初創辦冶綠的緣由，塩見直紀在《半農半X》書中的這幾句話，就是我當時的心情寫照。

相對於許多人，我的職場生涯其實很順遂，甚至有點讓人稱羨，四十歲不到，就已經在知名外商公司擔任主管。但是，或許是深植在基因中，對於自己所做事情社會意義的重視，所以，想做些不一樣的事情。就在過了四十歲的隔年，二〇〇九年，創立了以「冶綠衣著．簡單生活．樂活主義．健康永續」為核心理念的「WILDGREEN冶綠生活服飾」以推廣有機棉環保衣著用品為起點。

如何穿才是永續的時尚？有機棉教我們的是？

為什麼選擇有機棉？所謂有機棉，國際有機棉認證規範GOTS有很嚴謹的定義與規範。簡單來說：「停止

▲ 多樣化產品，堅持100%有機棉、台灣製造、不漂不染。

施撒化學肥料、農藥後，經過三年以上的田地所栽培的非基因改造棉花，稱之為有機棉。」

而大多數人並不知道的真相是：種植面積只佔全球農作物百分之三的棉花，卻使用了全世界農藥與殺蟲劑用量的百分之二十五，包括含有劇毒的殺蟲劑、除草劑、落葉劑等。此外，一般織品加工過程中，還必須用到很多漂白劑、染料、整染安定劑等化學藥劑，對於水源、土壤都造成極大的傷害與負擔。所以，無論是從健康或對環境的影響而言，我認為推廣有機棉與永續的穿衣概念非常重要。因此，推廣綠色環保衣著與提倡綠色消費行動便成為冶綠的核心工作目標。

冶綠主張並堅持的，是百分之百有機棉，或回收寶特瓶的綠色永續衣著，甚至連包裝都是用生物可分解材質，更刻意採取平價策略，希望能將綠色穿衣概念讓更多人容易接受。近年更陸續開發，多樣的生活化有機棉產品（毛巾、手帕、口罩、襪子等）此外，冶綠更堅持產品百分之百台灣製造。並是台灣極少數仍堅持自有品牌商品不做化學染整只提供原棉胚布，染色只做植物染的本土品牌。

▲ 會說故事的有機棉T恤：因為地球暖化，抓不到魚的北極熊只好到夜市撈金魚。

我們所要提供的，不只是環保素材的服飾，更希望提供一個新的生活方向，也就是推廣怎麼穿，才是健康、環保的綠色穿衣生活。

不只是一件T恤……

冶綠的有機棉T除了要好穿好看吸引消費者來嘗試有機環保衣著之外，總是貪心的希望藉由這一件件T恤跟大家說說人與大地的故事。

如二〇一二年冶綠與台灣博物館跨界合作，配合台博館的「遇見大未來」環境變遷特展，推出一系列黑色幽默反諷的T恤——地球愛穿衫「人生系列」。數款T恤的圖案裡有：背著名牌包的寄居蟹，在夜市撈魚的北極熊，與漂到海裡會被海龜當成水母吃到的紅白塑膠袋。而去年冶綠與本土作家阿默合作，將阿默的圖文化作有機棉T「食草文集」系列，以土地、文學、有機棉的結合，將阿默對土地的關懷藉由衣著，傳遞到你我的生活之中。

今年呢？冶綠將與關懷大地的剪紙藝術家韻竹合作，推出兩款有機棉T「大地剪紙系列」——「誕生」

▲ 致力於改變大眾的消費與生活態度，進而讓大自然能永續發展。

與「聽聽」。韻竹經常到台東幫忙自然農法的農友們，與土地有很深厚的感情，透過她的作品，冶綠邀請您來聽聽大地的聲音、看見種子孕育的誕生。

這正是冶綠一路走來堅持要做的：T恤不只是一件T恤而已。衣服除了好看之外，總有個故事要說給您聽。當您穿上它，也別忘了說說它的故事給您的朋友喔！

我不是在市集就是在去市集的路上……

冶綠成立近五年來並沒有計畫要經營自己的店面。要買冶綠的產品除了網路之外，還有各地許多各具特色的店家可買到。如：公平貿易商店（地球樹）、獨立書店（私房書櫃／小小書房／水木書苑）、友善小農店鋪（上下游／綠禾塘）、台博館、關渡自然公園……等。如果您一定要「親自」跟冶綠買衣服就要到各地的農夫市集找冶綠了。這也是冶綠不開店的主要原因，「開了店，就一定會被店綁住，就不能到處跑，如失去跟志同道合的各地友善耕作農友一起打拚的機會，冶綠的存在意義就少了一大塊了！」冶綠現在最自豪也最常跟人炫耀的是：冶綠現在的朋友裡種田的最多喔！

歡迎來小農市集找冶綠的農夫好友們！

20

「鄰鄉良食」創辦人／譚景文

Buy NearBy
鄰鄉良食

▲

品牌：鄰鄉良食
服務：為企業團體量身訂作在地農產品採購方案，同時為小農找到長期穩定的銷售管道。

擦出小農與企業火花

地處偏鄉部落的小農，除了面對天災蟲害還有中間商人的層層剝削，反而陷入愈勞動愈貧窮的窘境，永遠處於相對經濟弱勢的一方。「鄰鄉良食」便是以產地直銷的概念出發，連結偏鄉小農與國內企業，創造兩者間共享價值。

▲ 以企業為客戶，提供量身訂作農產採購方案，善盡企業社會責任。

「鄰鄉良食」創辦人譚景文過去擔任企業社會責任（CSR）顧問，發現擁有資源、也有意願承擔企業社會責任、關心台灣農業的各大企業，卻苦無適合的管道或平台從中協助完成採購作業，不是農產品來源資訊不足，就是與農民的溝通協調有困難，導致企業的良善美意滯礙難行。

「企業不了解農村，而農民也沒有銷售能力。」生產端與消費端之間的供需斷層，讓「鄰鄉良食」有了切入市場的著力點。

二〇一一年成立「鄰鄉良食」，譚景文與夥伴一方面積極下鄉，深入探訪使用有機及友善環境栽種的小農，依耕作規模、目前仍無穩定銷售通路、農產品品質優良及年收入仍低於平均等條件，篩選合作農友，並貫徹公平交易的精神，協助制定透明合理的價格及創意行銷，找到長期穩定的銷售方式，實際改善小農生活及農村經濟發展。

▲ 在企業和小農之間搭起直接交易的平台，創造共享價值。

另一方面譚景文也運用自己的顧問專業，參考國外案例，依不同的產業及企業核心發展價值、結合社會需求，提供量身打造的企業社會責任解決方案，除了協助企業直接向產地購買農產品，也建置企業認養契作機制、開發偏鄉部落的社區參與活動，並搭配完整的策略、執行及成效評估。

目前已有超過十家企業在「鄰鄉良食」訂購農產品，為六十位以上小農創造穩定收入來源。

「鄰鄉良食」結合產地直銷及企業社會責任的商業模式，將企業的消費力直接灌注至偏鄉部落的農村，同時也進一步協助企業開發偏遠農村市場，創造雙贏局面。

譚景文了解尖石鄉農民對貨車的需求，便與汽車廠商洽談能否提供購車優惠；發現現有的農會金融服務並不符合部落農民的貸款需求，便向銀行爭取債務整合及低利貸款，並協助進入農村教導投資理財知識。

「讓企業的本業營運活動與社區的回饋結合，把資源引進需要幫助的地方，是我們秉持的信念，也是鄰鄉良食的服務價值所在。」

堅持以社會企業的型態經營、財務透明的方式運

▲ 實地走訪，找尋有機、自然耕作的農友，建立合作模式。

作，「鄰鄉良食」將百分之八十的利潤分享給農民，只保留百分之二十作為公司營運之用。

營運獲利模式獲得「第二屆企業永續創業競賽冠軍」的肯定，譚景文卻一點也不擔心市場競爭的問題，「我一個人的時間、能力有限，若有更多人願意加入這個行列，就表示有更多的小農能受到幫助！」。

「鄰鄉良食」創造了農產品採購及結合企業核心業務的雙向合作模式，拉近了企業與小農之間的距離，也建立起彼此互利互信的橋樑，讓企業實踐社會責任不僅兼顧效率與效益並能長久落實，而非只是曇花一現的慈善。

與企業一起創意做好事

「鄰鄉良食」創辦人　譚景文

農人的歡呼

「大家上網去看你們的資料，很興奮的大聲叫著：是鄰鄉良食，他們來幫助我們了！」花蓮鳳林一處原住民有機農場的志工美英開心地與我分享當時接洽的過程，而在電話另一頭的我，視線早已模糊，淚水不住的往下掉，身軀激動的發顫。「能夠為偏鄉弱勢地區帶來希望及笑容，這份工作真的是美好的超乎想像！」

連接企業與弱勢偏鄉，創造共好

鄰鄉良食，成立於二〇一一年的社會企業，在台灣近年一窩蜂的農產品銷售平台當中獨樹一幟，因為大部份的平台都是在推銷農產品，但是鄰鄉良食卻沒有特定的農產品，而是在賣服務——對企業團體量身訂作的在地關懷／扶助計畫。

曾擔任CSR（企業社會責任）顧問，輔導過多家上

▲ 優質農產品找到長期穩定的銷售管道。

市公司，我深深體認：「只要能與企業的主要營運活動結合起來，每一家企業都希望長期積極的投入偏鄉扶助工作。」。其實，鄰鄉良食的成立，就是為企業量身訂作服務的開始。企業社會責任，當台灣許多人仍停留在做公益的刻板印象時，全球趨勢卻早已貫徹到企業日常運作之中，甚至進一步打造企業未來的競爭優勢。

飛利浦豆漿機採用台灣非基改黃豆，就是一個非常成功的案例。豆漿是中國人的食物，如何能夠打破消費者刻板印象，願意接受外國品牌的飛利浦豆漿機？關鍵就在於鄰鄉良食為飛利浦提供的一粒粒無農藥台灣非基改黃豆，突顯飛利浦豆漿機的特色，打出一杯杯香濃健康的豆漿，創造了銷售佳績。

在新竹，透過鄰鄉良食的協助，高科技廠商開始放心的逐步將團饍蔬菜有機化、在地化，而且百分之百確定幫助到真正的小農／老農。「鄰鄉良食對於幫助的小農，有非常明確且數據化的定義。」明確的定義規範，讓企業團體可以清楚知道投入的資源用在何處，效益如何。

關心客戶，是鄰鄉良食另一個獲得企業信任的關鍵。顧問專業的背景，讓我們很快就能掌握企業需求，

▲帶著企業客戶一同下鄉體驗，關心偏鄉農民。

預先把準備工作的細節考慮週詳，而且追蹤執行效益，常常客戶在開會後會說：「跟你們合作很簡單。」鄰鄉良食希望可以幫忙企業客戶輕鬆快樂的推動CSR計畫，與受助偏鄉創造幸福共好。

公開透明，社會利益始終優先

打從成立的第一天，鄰鄉良食就決定做一個公開、透明、誠實的企業，透明誠實的程度有時令企業客戶驚訝，產品服務的價格從不灌水、而且品質保證負責。

在鄰鄉良食的網站上，可以看到許多的合作農人簡歷，每一筆出貨都會附上產品保證，以及農人姓名電話，這樣的做法在台灣是少之有少。很多人都問：「你們不擔心公開農民資訊，客戶直接找農民訂購？」

「當然……不擔心！幫助弱勢農民，就是玩真的，除了拚盡一切來幫忙，最大的希望就是看到他們茁壯，有一天可以自己飛翔，既然如此，我們反而應該更多公開，把農人行銷出去。」

「反過來說，如果必須靠著隱藏農民資訊才能生存，就代表鄰鄉良食的存在對客戶沒有價值！」社會利

▲ 努力把農民行銷出去，希望他們可以成長茁壯、自己飛翔。

益，永遠優先於自身獲利，這是鄰鄉良食給自己的期許，也是鄰鄉良食獲得企業客戶信賴的關鍵因素。「我們的企業客戶常會關心我們有沒有獲利？是否可以生存？」我個人認為，當企業客戶都很在乎鄰鄉良食是否有獲利，希望我們永續經營時，鄰鄉良食一定可以生存的很好。

鄰鄉良食、企業客戶、偏鄉弱勢農人，已經開始，一起合作，撰寫一篇篇的美麗幸福共好。

21

「興采實業」董事長／陳國欽

品牌：S.Cafe
產品：創新的環保機能布料，不僅可消除異味，亦有速乾、防護紫外線的功能。

讓咖啡渣變機能布

早晨一杯咖啡喚醒一天的活力，喝咖啡已成為台灣民眾生活的一部分，近年來更可以看到滿街林立的咖啡館，連便利商店也搶搭風潮。但你可知道台灣一天消費的咖啡渣達三十噸？而在烹煮咖啡的過程中，咖啡豆

▲ 因為夫人的一句玩笑話，帶領團隊投入咖啡紗的研發工作。

的原料僅有0.2%被攝取，剩餘的99.8%全被當成廢棄物丟棄。

「興采實業」研發出獨步全球的技術，成功地將咖啡渣製成機能布料，代表西方飲食文化的咖啡在東方亞洲重獲新生，正式跨界成為衣著文化。

「興采實業」董事長陳國欽出身紡織業世家，從祖父那代彈棉花做棉被，爾後經營寢具用品，常常謹記父執輩的教誨「我們做紡織的，就是要給人溫暖。」

一九八九年創立「興采實業」，當時只是一家在地的紡織公司，面對九〇年代毛利競爭激烈、產業外移趨勢，開始思考如何運用台灣紡織業的製造技術及研發優勢，積極轉型開發適合戶外運動及休閒活動的機能性布料，但真正讓「興采實業」揚名國際，成為台灣之光的轉捩點是從二〇〇五年開始。

▲ 咖啡渣與布料纖維結合，同時達到環保回收與減廢的目的。

當時陳國欽與夫人在喝咖啡時，發現客人會跟商家索取咖啡渣回家做除臭的功能，夫人一句玩笑話：「你研究看看具有除臭功能的咖啡渣是不是也可以做成布料，穿在你們臭男人身上？」常笑說自己是「聽某嘴、大富貴」的陳國欽也覺得可行，便帶領公司團隊一頭栽入咖啡紗的研發工作。

投資了兩千多萬元的研發經費，花了三年半、歷經八代產品的改良，陳國欽終於克服沾黏、斷絲、抽紗效率、氣味混濁等問題，同時保留咖啡渣原有吸濕快乾、除臭的特性，研發出世界唯一獲得專利認證的S.Cafe環保科技咖啡紗，可製成各種蓄熱保暖、排汗透氣兼具除臭與抗紫外線的機能性衣料，技術獲得許多國際發明展的肯定。

「我們秉持科技業創新、研發的精神，創造公司源源不絕的競爭優勢！」公司位於新莊的總部裡有耗資上億元的設備及實驗室，還配有來自歐美各國的洗衣機，確保產品在消費者多次水洗後的品質狀況，也與台灣各大專院校建教合作，廣納各方人才，培養成為研發團隊。

▲ 獨有專利技術，將廢棄的咖啡渣製成出各種機能性紡織品。

繼咖啡紗後，現在咖啡渣又被研發出更多元的發展，萃取出來的咖啡油可應用至美容美髮產品、也可以做成PU防水材料，儼然成為另一個具有潛力與商機的新興產業。

早一步在機能性紡織業中搭上環保風潮，興采實業很快地獲得國際知名運動休閒品牌如Adidas、Nike、Timberland等的矚目，連時尚精品Prada、Hugo Boss也開始採用興采的布料設計產品。

研發投資換來的技術創新，確實為公司打響知名度、增加品牌價值，但還是得加深消費者心中的印象，才能進一步發揮品牌影響力。

陳國欽採用Co-Branding的策略，展現其強烈的企圖心，藉此打造B2B2C的品牌行銷模式。

與國外知名廠商合作，將公司品牌標籤一同掛上，甚至直接繡在衣服上，除了說明咖啡紗的製造理念，也標示出布料特殊功能，期望藉由國際大品牌的實力，打入消費者市場。

「興采實業」利用過去累積的研發及製造資源，透過創新環保技術及國際化行銷，成功擺脫紡織業者代工的命運，為公司奠定永續發展的利基。台灣非IT產業創新再造的能量，非常值得激賞與期待。

▲ 走遍世界參展，優良的品質與創新的想法獲得許多國際大廠的支持。

發現萬物的新價值

「興采實業」董事長　陳國欽

當年一個來自彰化鄉下的二十七歲小伙子，始終記得父祖輩的叮嚀：「要做就做能帶給人溫暖的行業……」一九八九年，我創立了興采實業，繼承家族兩代經營的棉被行，從寢具製造、代工事業，延伸到了紡織業，至今已經二十五個年頭。因為用心、用愛傳承這一份溫暖的行業，加上創新實踐的冒險精神，意外地解決了地球上從前被忽略的問題：龐大的資源浪費。

咖啡是世界上僅次於石油的第二大貿易商品，但從來沒有人想過每天喝咖啡消耗剩下的龐大咖啡渣該如何處理、利用？統計光是台灣兩千三百萬人口，每天大約產生出三十噸的咖啡渣，更遑論全世界喝咖啡人口共有十億以上，大量的咖啡渣該如何處理是個問題，但如果咖啡渣的開發能繼續下去，不僅能期待應用在各領域上，也能有效解決咖啡渣的去留問題。

興采實業一開始是以生產製造高機能性防水透濕紡織品為主，到一九九四年起開始進行功能性布料研發時，我清楚地體認到，未來全球機能性產品開發，將轉

▲ 落實企業社會責任：認養福田，以具體行動表達對土地的關懷。

以研發全方位節能環保機能布料為主，並開始思考如何轉型和突破。

就在二〇〇五年的某一天，我和太太在咖啡店喝咖啡時，看到一位老婆婆向店家索取咖啡渣來除臭，太太半開玩笑地說：「應該把咖啡渣裝在你們這些臭男人身上除除臭！」誰知一句無心的玩笑話，激起我想要把咖啡渣穿在身上的念頭，經過四年的研發與努力，「環保科技咖啡紗」就此誕生。興采研發的環保機能咖啡紗布料被稱為「S.Café」（S代表Simple簡單），藉此呼籲大眾回歸到簡單的環保生活。

利用寶特瓶和咖啡渣製造出的環保科技咖啡紗，具有環保、除臭、快乾、紫外線防護、可利用性廣等幾個特色，應用於紡織品纖維中，還可以增添織物機能性，同時不影響染色效果。而製程中完全不採用溶劑處理，也免除了一般傳統碳化材質的高溫碳化處理過程，減少約二點七公斤二氧化碳排放。用超臨界流體設備萃取多餘之咖啡油脂，還能進行各類清潔用品製作，達到物盡其用的價值。這項技術更獲得世界三大知名國際發明獎的肯定：美國匹茲堡發展明展金獎、德國紐倫堡國際發明展金獎，及瑞士日內瓦國際發明展金獎。

▲ 人才是企業成功的最大資本，活力勇運動會展現熱情活力。

近年來興采實業不單開發環保型商品，此外更積極投入公益活動，透過實際的行動來達到回饋社會與教育傳承的目的。興采實業於二〇一一年在宜蘭蘇澳認養零點五公頃稻田，讓台灣在地米農找到新的經營方向；並且與荒野保護協會合作認養五股濕地、舉辦地球關燈日等活動；更提供本地與國際學生建教合作機制，讓紡織相關科系學生實習，興采實業希望在經營企業的同時，給予社會回饋、教育一下代來達到永續經營的目標。

興采實業一直以成為世界性的環保機能性紡織品公司為目標，在永續發展的前提下，創造出更好、更環保的產品。從一開始經營一份「溫暖人心的事業」為起心動念，到克服難、不怕難的決心和毅力，產生出了從廢棄物發現新價值的「環保科技咖啡紗」，我很慶幸一切的努力讓公司和團隊獲得了亮眼成績，也讓世人重新發現了資源的新價值！秉持正向、樂觀、進取的創意原則，相信未來公司還會開發出更多帶來的良善產品，同時放大台灣的創新能量，引領世界綠色時尚新潮流！

▲ 經營一份「溫暖人心的事業」，也重新發現資源的新價值。

22

「小鎮文創」創辦人／何培鈞

點亮小鎮復興之路

台灣有許多具有本土文化風情的小鎮，曾經風光一時並創造早期的經濟繁榮，但隨著產業沒落及人口外移，小鎮逐漸被人遺忘而凋零。「小鎮文創」創辦人何培鈞近年來致力於鄉鎮文創，積極輔導老店轉型、鼓勵青年以專長換宿，進而返鄉創業，逐步重拾台灣小鎮的價值與生命力。

www.townway.com.tw

▲

品牌：小鎮文創
服務：創意商品開發，整合在地經濟發展潛能及小鎮行程住宿餐飲規劃。

▲ 被喻為台灣最美民宿「天空的院子」，開啟再造竹山小鎮的序曲。

何培鈞的創業故事要從買了一座古厝三合院，打造民宿「天空的院子」說起。在大學時代無意間經過竹山發現這座廢棄的三合院，便深深被它吸引，探訪了解後更為竹山的文化凋零感到惋惜，「復興竹山的文化與經濟發展」是他立下的心願。

退伍後他在毫無資源的情況下，向銀行借貸資金，與熱愛建築的醫生表哥帶著睡袋住進古厝，花了整整一年時間，以維持建築原貌、結合現代化的設計風格，一磚一瓦親手重建。

經歷初期的慘澹經營，也曾面臨繳不出貸款的危機，直到音樂家馬修連恩入住後，啓發靈感出版「天空的院子」同名專輯，生意才開始有了轉機。被譽為台灣最美的民宿，有人邀他以修建老房子的模式開展連鎖民宿事業。何培鈞說「我想了想決定回絕，因為我不是為了開連鎖民宿才修整這座古厝，我是真心喜歡這裡，想要復興這裡原有的文化！」

▲ 走古道、深入探訪，讓觀光客成為社會學家。

「讓觀光客成為社會學家」是何培鈞創辦「小鎮文創」的第一個理念。「古厝是可以用來經營餐廳或咖啡廳，但這樣遊客僅會短暫停留竹山二至三小時，無法注意到在地文化的價值，對當地經濟也未能產生實質的效應。」

何培鈞又陸續翻新了鄰近的建築與古道，規畫餐飲及旅遊服務「幸福腳步便當」，讓遊客帶著便當走訪體驗從前的就學古道。

強調「一個便當，扶植在地三個行業」，古樸精緻的便當，除了就地選用食材，包裝上也結合了竹山棉被店傳統的花布及竹簾店家的廢材。

另外，何培鈞也協助當地的米麩店、打鐵行等開發伴手禮，用商品娓娓道來竹山的歷史與文化，讓傳統老店轉型展現新生命。

「觀光不該只是付了錢，除了服務、品質，其他什麼都不在乎。小鎮都藏有很多精彩的故事，值得大家得細細品味！」

在偏鄉小鎮、人才極度缺乏的情況下，何培鈞突發奇想地在演講場合，跟大學生提出「打工換宿」的想法，沒想到大家反應熱烈，學生們開始進駐竹山在「小

▲ 幸福腳步便當：一個便當扶植在地三個行業。

鎮文創」的平台上發揮專長與創意，可以拍微電影行銷竹山的人文風情，也可以依當地特有竹編文化施展創意，竹編QR Code招牌便是學生與竹藝師傅，結合數位與傳統所研發出來的產品。

利用當地現有的資源引進外部各種專業的人力，一同協助竹山的產業革新及觀光行銷，成為「小鎮文創」獨特的商業經營模式。

「青年學子的回流帶給鄉鎮希望，學生能運用所學專長在實際的商業運作上，無形中也加強了他們對自己及未來的信心，相信學校所教授的知識技能是有用的！」

現在何培鈞更直接鼓勵青年們在地創業，不僅提供免費住宿及友善的創業環境，也與他們分享「小鎮文創」所有的資源與經驗。

不像農村有土地資源可以耕種，也不像山上部落有迷人的風景可以吸引觀光，小鎮的振興需要更多的創意與創新。

「運用現有的資源換取外部資源的投入」，何培鈞不但找到了公司的營運模式，也提供了一個青年與小鎮間關懷互動的解決方案。

▲ 擁有專長的青年可以到這裡「以工換宿」，利用所學、發揮創意。

小鎮不再是沒落的代名詞

「小鎮文創」創辦人　何培鈞

台灣是一座寶島，寶島坐落許多小鎮，小鎮藏有著許多動人的故事。要如何把每個鄉鎮的光點故事，整合、集結、串聯起來，並且引進更多資源協助建立一個永續的文化創意發展經營模式，是「小鎮文創」成立的宗旨與價值所在。

我們相信台灣的鄉鎮是可以建構更多元化的發展，為了讓更多想法與創意在鄉鎮實踐，我們租下閒置沒落的空屋，讓青年們用專長天賦交換免費換宿的生活體驗。在這裡辦公室僅開放上午三小時，下午拉下鐵門是大家在竹山生活行腳的時間，我們鼓勵利用一天三分之一的時間實踐回饋計畫，其他三分之二時間則在竹山進行生活探索與體驗，因為實踐的靈感更有可能來自在地生活的感觸。二〇一三年已有近千名國內外青年朋友進駐竹山，也有好幾位就決定留在竹山透過我們的平台創業，我們很高興可以開啟青年朋友關懷鄉鎮的良性循環。

路跑及廟口TED是我們近期推廣的活動，目的是把跑步變成是凝聚當地社區的牽引。去年「讓愛跑進

▲ 開辦「竹巢學堂」，同樣用「交換」方式，請來各行各業人士將專業分享給鄉鎮居民。

小鎮」活動，主打竹山最美的兩條路線，參加者達六百八十人，讓整個竹山鎮都動起來幫忙：秀傳醫院協助設立救護站、警察局帶路線、商家提供補給品，鎮上的奶奶們擔任補給人員，帶來了很大的效益。現在則是固定每週一、三、六晚上在廟口前舉辦夜跑，並在開跑前半小時舉辦很有意思的「廟口TED」講堂，每個人都有機會站上小舞台分享自己的夢想與故事，各種熱血計畫也可以在此尋求協助與支持，每每都聚集了近三百人參與，成為新型態的小鎮夜生活。

竹山正在經歷一種美好的改變，我也有計畫把理念延伸到其他偏遠的小鎮，希望協助年輕朋友返鄉，將竹山模式發揮得更淋漓盡致，活絡地方人文與經濟，喚醒在地人對自己土地的愛。

「人生只有一次，你一定要找出自己最在乎的事情去做！」

不管是創業或是追尋自己夢想的過程中，一定會遭遇許多挫折與挑戰，我曾經聽過一段話：當你在人生的十字路口面臨最嚴峻的處境時，首先要靈魂出竅，以完全超脫的狀態問眼前的自己：是不是最在乎這件事情？

▲ 廟口講堂及夜跑活動，為小鎮帶來更多正向的改變。

在山上創業初期，我背負著貸款壓力，又時常得一個人面對巨大的孤寂感，但只要想到這是我自己最喜歡而且最在乎的事情時，這一切就甘之如飴了。雖然說要找到自己的夢想或自己最在乎的事不是件容易的事，但我覺得更重要的是，要認真的去看待當下的每一分每一秒，認真進入當下的生活，面對困難時設法跨越這個門檻，這些點點滴滴就會在你身上產生一些累積，而這些累積一次又一次的堆疊時，它很可能才會變成一個夢想，因為它源自於你心中的渴望、對自己能力的自信及豐富的生活經驗。

▲ 透過大大小小講座，與各界人士分享成功經驗。

23

「厚生市集」創辦人／張駿極

打造分散式供應鏈

「你要在下半輩子裡繼續賣糖水，還是要來跟我一起改變世界？」這是當年Steve Jobs在說服百事可樂總裁John Sculley加盟蘋果時所提問的話，這句名言也同樣震撼著張駿極，在反思全球化農業對於在地農業、飲食文化及生態環境的破壞後，決定離開

▲

品牌：厚生市集

產品：小農電子商務平台，提供低門檻免運費、上午訂下午到服務，銷售台灣在地優質生鮮農產品。

▲ 分散式供應鏈，打造一個無毒有機的產銷平台。

自己擅長的半導體舒適圈，創辦在地生產、在地銷售的小農電子商務平台「厚生市集」。

「在台灣耕作面積不大的小農占大多數，而現行漏斗式的農產品制度造成農民生計困難、食材安全堪慮的種種社會問題。」張駿極分享著他在果菜集貨市場觀察到的景象：在資訊不對等的狀況下，農產品的收購價格及通路僅掌握在少數的中盤商及大農手中，因為消費端對蔬果的需求量變異不會太大，每每量產時，小農們只能彼此競相削價以求脫售，造成農產品價格失衡，而其中的價差完全由農民吸收。

另外，這種傳統集中市場的產銷模式，也往往失去了農產品的溯原性，收購未經嚴格篩選，不同農民生產的蔬果全部混雜在一起，所以一顆在市場或大賣場被驗有農藥殘留的高

▲ 尋找友善耕作、安全的產品給消費者安心的來源。

麗菜，根本無法查證是由哪裡生產，也無法掌握產品去向，對消費者更是沒有安全保障。從問題的源頭著手，打造「分散式供應鏈」便是張駿極在「厚生市集」極力推動的新通路革命。

「分散式供應鏈」的理念在於強調減少食物運送哩程，每一個區域生產的蔬果會供應給鄰近地區的人口。在「厚生市集」實際的做法是由銷售點直接與農民採購，因為有了溯原依據，供貨的農民對於用藥施肥和品質控管才會更謹慎，消費者才能吃得安心、吃得健康；而消費者在「厚生市集」官網選購農產品時，必須先點選送貨地點，因此不同所在地的買家，其產品選購種類也會有所不同，以確保所有食物的運送哩程不超過三十公里。

透過這樣的機制，無論產量高低，身為中介平台的「厚生市集」都能維持價格穩定，保障小農權益，不再需要搶種或搶收，可說是農民與消費者的雙贏。目前「厚生市集」銷售範圍只限於台北市、新北市及桃園縣，張駿極也積極規劃與各區域的非營利組織及庇護商店合作，除了增加配貨、集貨點，也能為這些組織開拓收入、進而促進弱勢族群就業。

▲ 提供農民合理利潤，減少盤商壟斷帶來的惡性競爭。

以網路為媒介賣菜，也知道網路上民眾的傳播力量，但張駿極堅持不打農民的悲情訴求，「這個農民很辛苦，但那個農民也很可憐，難道要消費者去比較誰比較值得同情而去購買他的產品嗎？我們要賣的是服務而不是商品！」

張駿極特別參考成功商務平台PC Home的作法，提供低門檻免運費、「上午訂、下午到」的便利措施，加強配送物流管理機制，也創新開發依食譜購菜的功能，上班族只要在上午十一點前完成採購，下班回家就可以收到菜，並依食譜完成料理即有晚餐上桌。

「但我們的競爭對手不是在網路上，而是松青、頂好及傳統市場」，所以滿足消費者需求——小包裝販售、一次購足所有品項也是「厚生市集」急欲提供給網路消費者的服務，「畢竟帶領這場通路革命不是靠我個人，而是從消費者的行為改變開始做起！」

社會企業的精神在於用創新的商業模式改善社會問題，張駿極推動的「分散式供應鏈」可望成為台灣農業產銷的另一種出路。

▲ 除了網站、APP線上訂購也開設實體店面，虛實並進。

有人願意仿效才是好社企

「厚生市集」創辦人　張駿極

有人問我們：「社企可不可以獲利？社企不是不應該追求利潤最大化嗎？」

又有人問我們：「政府在法令上能不能給社企一些租稅優惠，以鼓勵創業家從事社企？」

更多人問我們：「你們會不會擔心大企業看你們獲利後，投入一樣的行業跟你們競爭？」

第一個問題回答是：「當然要獲利，而且追求利潤最大化也並不罪惡。當然，當然，當然，絕大多數的社企創業家都不是冷血的惡狼，他們多會把利潤轉去從事其它企業社會責任相關的用途！」

第二個問題回答是：「很難。社企不是用『平庸的商業模式對弱勢者讓利』，而是以創新的商業模式解決社會問題。社企可以拿盈利來從事『企業社會責任的相關工作』，就跟所有盈利組織一模一樣。能從公司章程、股東結構、股利發放……看到的都是『企業社會責任』。不仔細分析運作模式，根本很難分清創

▲ 以創造一個公平永續的商品交易機制為志業。

業者的葫蘆裏賣的是什麼藥。事實是，我們不太相信立法者有辦法鼓勵『社企』，立法者能鼓勵的應該是『擁有企業社會責任基因的新創公司』！」

第三個問題回答是：「不會，多多益善！如果我們的商業模式愈成功，社會就愈幸福。這不就正是社企的終極價值嗎？到今天為止還沒有大財團投入類似的工作，是我們的失敗。我們要更加努力才是！」

就我們來看，社企（Social Enterprise, SE）和企業社會責任（Corporate Social Responsibility, CSR）涇渭分明。社企的重點在商業模式的創新；而企業社會責任的重點則在於人性的善意。

平庸的商業模式對弱勢者「讓利」

資本主義發展到今天造成了為數眾多的社會問題，就算是最鐵石心腸的資本主義者也會感嘆自己的無力感。最簡單不費力的作法，就是直接在現有的營運下對弱勢者讓利。但是大家也都知道這種做法不永續——當本業連續三年虧損時，那一個總經理／董事長有膽子繼續讓利？

▲ 堅持「低食物里程」：當季食材、地產地銷、不販售進口商品。

我們在設計厚生市集的商業模式時，只考慮農業問題的本質。絞盡腦汁去思索除了社會主義、政府管制、善因行銷……以外的解決方案。思索小農結構優勢和劣勢；思索供應鏈和生產結構的關聯；思索貿易自由化的衝擊和影響。建立我們的論述，發展我們的解答。

一旦決定商業模式後，社會性就被拋諸腦後，每日的運作只專注在無情的競爭。怎樣提供消費者更多的選擇？怎樣確保不會裝錯貨品？怎樣遞送的更迅速？怎樣讓消費者把我們當作購買農產品的首選？

是的，這是場戰爭。新模式和舊思維的戰爭。輸贏在於我們能否成長、能否獲利。能否說服資本家們這條路是可行的。

因為我們真正的成功來自於競爭對手蜂擁而入。

▲ 如果我們的商業模式愈成功，社會就愈幸福！

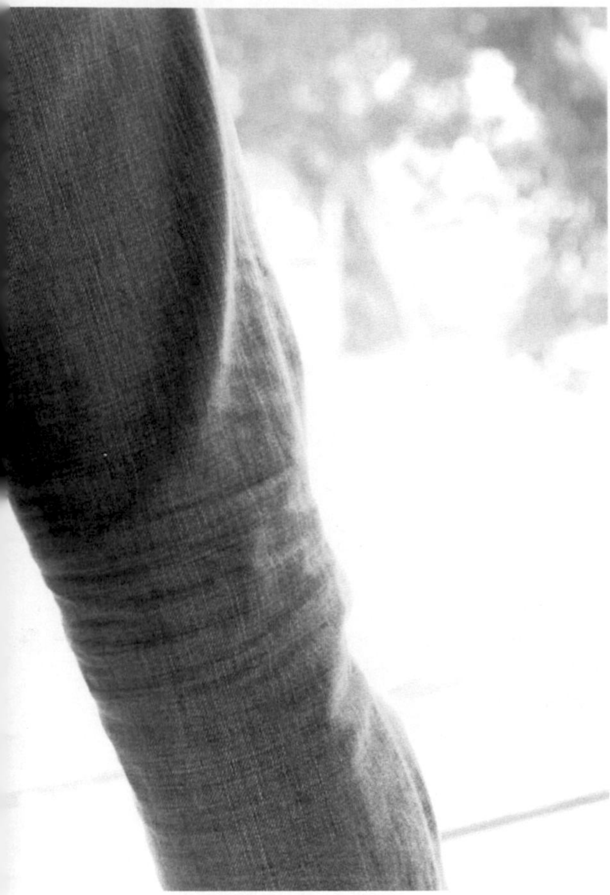

24

「BR Link」創辦人／陳玟潔

買一捐一散播愛心

我們都曾透過媒體看到國內外貧困學童、飢民的報導，雖然說貧窮背後的原因複雜，包括國際情勢、國家及社會制度的不完善、個人家庭因素等，你我在感慨憐憫之餘，可曾想過扶貧的方法不是只有捐獻，而是可以有更多創新的作法。

BRLinK!
we are able to make a better world.

▲

品牌：BR Link
產品：帆布休閒鞋，消費者買一雙鞋，就送一雙鞋給需要的弱勢孩子。

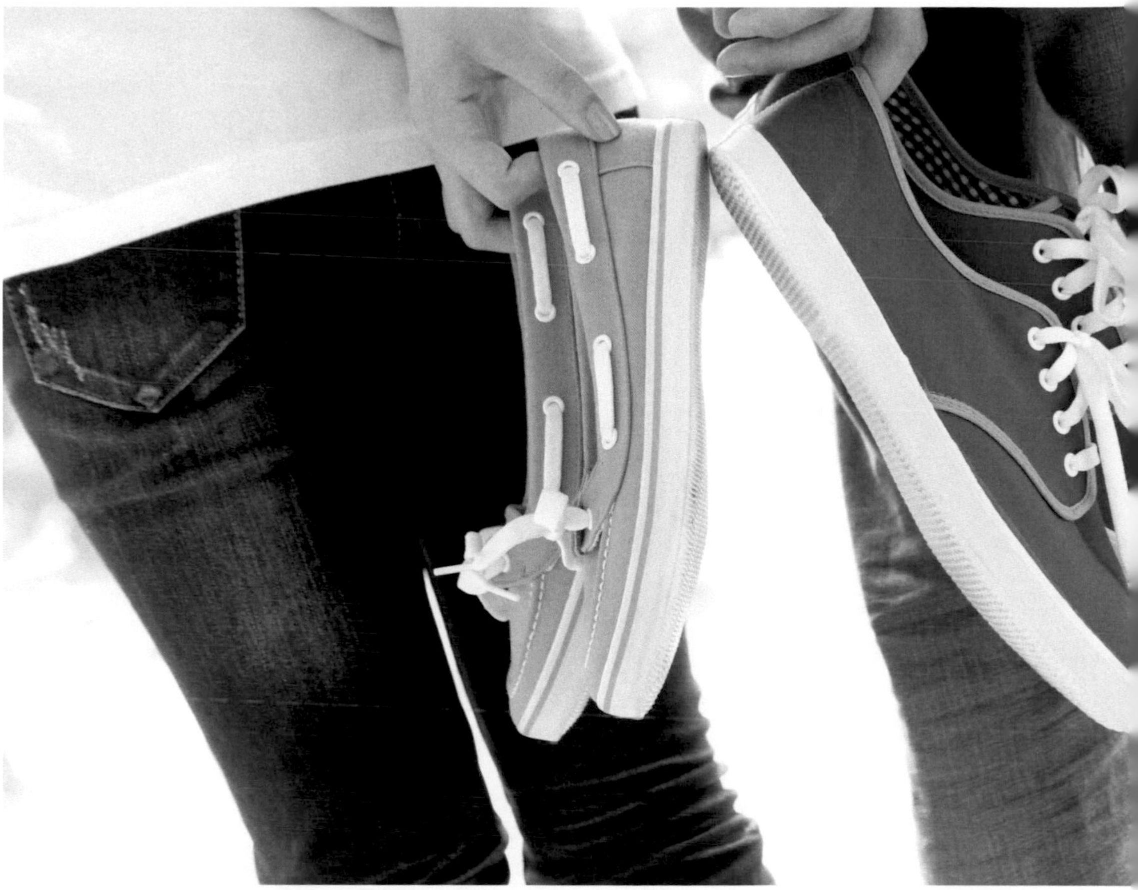

▲ 發起自覺性的消費運動，建立購買者與接受者之間的連結。

「BR Link」是一個台灣自創、自我覺醒的品牌，推動並實踐「購買者」（Buyer）和「接受者」（Receiver）之間「連結」（Link）的計畫。

「BR Link」創辦人陳玟潔在教會擔任牧師，過去長期在東南亞及台灣偏鄉從事兒童事工服務，她發現社福機構所募集來的物資多以衣物、食品為主，孩子們卻仍光著腳丫或穿著不合腳的鞋子。「全球每年有逾百萬個孩童因為無鞋可穿導致感染疾病而死亡。

在台灣，有近一成五的孩童生活在貧窮邊緣，其中超過四分之一孩子的願望是希望有一雙新球鞋！」

陳玟潔看到孩子們的需求，參考國外行之有年的商業模式後，二〇一一年底創立「BR Link」用買一捐一的方式，只要消費者購買一雙鞋，就主動為消費者送一雙新鞋給需要的孩童，期望未來可以用同樣模式發展包包／書包等其他品項。

▲ 每購買一雙鞋子，就會有另一雙新鞋穿在有需要的孩子腳上。

雖然沒有設計、製鞋經驗，但陳玟潔的理念很快獲得鞋廠的認同與協助，在今年推出一系列鞋款，也順利將五百多雙鞋子送出。

「目前產品販售速度遠遠不及孩童們的需求，因此我們還得再加強產品的設計，以便獲得更多消費者的支持！」強調「BR Link」是一個連結者（Linker）的角色，陳玟潔相信這樣的連結不僅可以改善接受者的基本生活，也能提升消費者的生命價值。

「透過買一捐一，我更想要倡導一種參與別人生命的體驗及消費觀！每個人的消費行為是可以滿足自己，同時充滿祝福！」

除了主動將送鞋訊息公布在官網上，陳玟潔也鼓勵消費者一同前往偏鄉送鞋，並親手將鞋子交給孩子們。

其實「BR Link」也可以打造成為台灣企業與弱勢孩童之間連結的平台，尤其是台灣一直都享有製鞋王國的美譽，不論是與本土製鞋廠商合作生產更多不同功能的鞋款，符合消費者對時尚的要求，也能為孩子們設計更堅固耐用的鞋子；或是由企業發起認購偏鄉部落的送鞋行動，都可望藉由企業的力量讓「BR Link」的愛心鞋可以散播得更快、更廣。

▲「擁有一雙新鞋」是許多弱勢孩子的願望！柬埔寨阿嬤幫孫女穿上新鞋。

「讓購買產品的顧客成為捐贈者，我們就可以持續地為扶貧做出實際的貢獻！」陳玟潔說，這是她的創業初衷。

因為深刻瞭解大宗物資的捐贈流向容易不明，且難以符合接受者的需求，所以「BR Link」在捐贈地區都有在地深耕的合作單位，由他們協助調查孩童鞋子的數量及尺寸，或是提供當地學校規定的樣式及顏色等資訊。

此外，能夠永續達到長期的效益也是陳玟潔努力的目標。「其實我可以募款或用我的創業金立即捐贈五千雙，甚至一萬雙鞋，但接下來呢？如果我明年募不到錢，小孩是不是就沒鞋穿了？」所以選擇用社會企業的模式經營，讓善意的循環可以持續下去。

目前「BR Link」以公司官網為主要銷售管道，雖然初期實際捐鞋的數量較少，但隨著時間的推展，相信公司將能逐步發揮其影響力，讓更多孩童受益。

當「公益」與「商業」不再是兩條平行線，「善」與「利」是可以連結並存。「BR Link」透過日常消費行為讓「給予」變得直接且更具意義，在利他與利己之間找到另一種新的平衡。

一個看見決定人生

「BR Link」創辦人　陳玟潔

十歲那年，一個「看見」，我決定成為一個傳道人；而二〇〇九年的印度志工之旅開啓了我對人生的另一種新的「看見」，開始了創業家的人生旅程。當時的我帶領約二十多位十至十五歲的孩子到印度貧民窟，這群在物資充裕卻常覺得不滿足的孩子，與物資缺乏連一片糖果紙都能開心的孩子，彼此分享，愛在當中流動，這一幕的看見帶給我深深的感動，也不斷地在孩子們生命中發酵，決定著他們往後的人生。

成立BR Link品牌，透過B（Buyer）和R（Receiver）兩端產生直接的連結（Link），就是為了讓我在印度所經歷的感動，可以不斷延續在世界上的各個角落，讓每個人因著貢獻而滿足，因著被鼓勵而勇往直前。

一個連結——距離不再遙遠

透過第一個商品，我們跨出連結的第一步，當我們滿足自己時，也能讓世界另一端的孩子擁有一個必需

▲「世界無鞋日」號召大家脫鞋行走，體驗無鞋孩童的生活與挑戰。

品，使基本生活品質獲得改善。我們從鞋子出發，讓需要鞋子的孩子能擁有一雙屬於自己並且合腳的鞋子，以降低受傷和疾病的威脅。透過購買一雙BR Link的鞋子成為Linker（連結者），共同改變世界，讓愛沒有距離，讓孩子的笑容，因為「連結」分享而更燦爛。建立這個連結，不僅改善接受者的生活品質，也提升了消費者的生命價值。

一個改變——就是這麼簡單

BR Link與華人磐石領袖協會「照亮生命小學計畫」合作，二〇一二年八月由台灣出發，帶著募集到的物資及一百五十雙新鞋子，將一百五十份祝福運送到位於尼泊爾波卡拉的照亮生命小學。這些鞋子對學校的孩子來說，就像是一個寶物，小心翼翼地寫上自己的名字，這是他們人生中第一雙「屬於自己的鞋」，家長說從沒有看過孩子這麼開心。平時孩子們總是穿著拖鞋或赤腳玩耍、踢球，每到下雨天，孩子則會穿上拖鞋，但因為地上佈滿了礫石，穿拖鞋奔跑很容易受傷，加上衛生觀念不足，受傷是家常便飯，頂多用水沖一沖，甚至放任不管，導致傷口感染發炎的情況比比皆是。但現在因著一

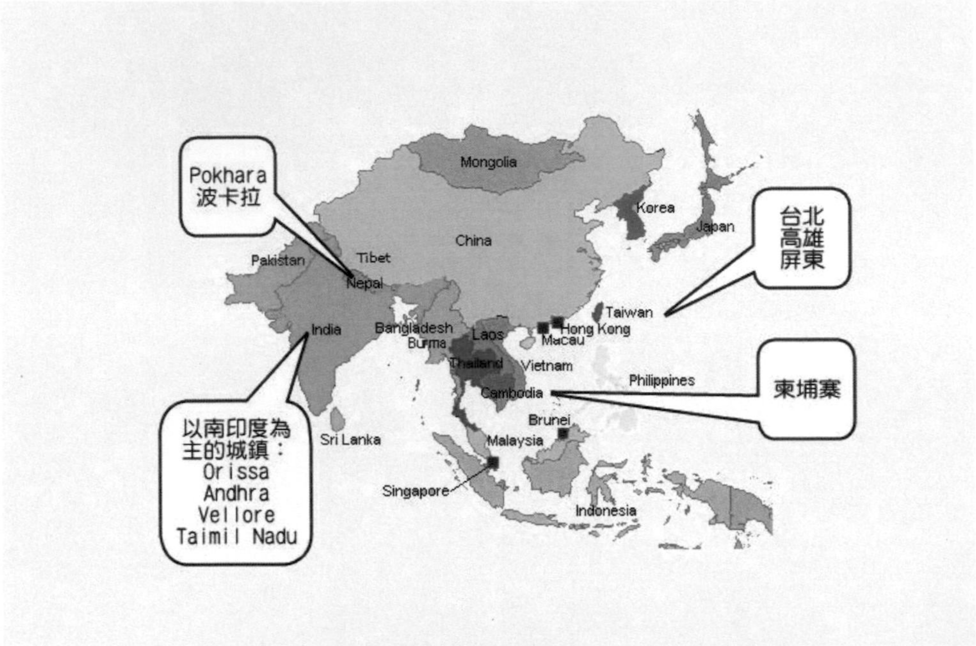

▲ 目前送鞋及合作的據點，包括：台灣、柬埔寨、波卡拉及印度。

個簡單的動作（購買），孩子的處境被改變了，腳被保護了。

一個旅程——創業人甘苦談

所謂隔行如隔山，一股腦的熱情衝進完全陌生的領域，從募資金、找鞋廠、設計鞋子、建立團隊、搞懂財務、行銷等，想辦法搞定，為了補充更多商業知識，創業小聚、設計小聚、行銷課程……每堂課都上，回家還狂K經理人雜誌，成立不過短短兩年，過程中充滿艱辛與挑戰，但每每看見孩子們收到一雙新鞋時的笑容，一切的努力都值得了。在創業的路上也非常感謝給予幫助的家人、夥伴、廠商、與企業；也許我們還有很多不足，但我們勇於創新，挑戰自我，運用我們的核心能力，以「議題行銷」勇闖商業，期待更多人可以認識我們，與我們一同來改變世界。

▲ 除了鞋子、衣服，期望未來也用同樣模式發展包包／書包等產品。

25

「多扶接送」執行長／許佐夫

多扶接送

▲

品牌：多扶接送

服務：民營復康巴士，提供專業輪椅接送與無障礙旅遊服務。

行動不便者的幫手

行動不便者所面臨的交通困境，一般人難以想像！雖然地方政府皆設有復康巴士，但數量不足、資格門檻高、執行上缺乏效率與彈性，難以因應實際需求；搭計程車也常會遇到司機拒載的情況。

▲ 台灣第一家專業輪椅接送服務公司，提供醫療接送與無障礙旅遊服務。

隨著台灣邁入高齡化社會，輪椅族人口將持續增加，不論是身心障礙者或老人外出、就醫等交通問題急待解決。「多扶接送」是台灣第一家民營復康巴士，提供無障礙的接送與旅遊服務，滿足輪椅族及行動不便者對「行」的需求。

許佐夫原來是紀錄片編導，直到家中九十多歲的長輩生病必須以輪椅代步後，才切身感受到台灣現有的交通措施對行動不便者不友善的情況，遂以「只以健康人為中心的社會，並不是健康的社會」、「只有障礙的環境，沒有障礙的人」等理念創立「多扶接送」，為行動上需要特別照護的「孕、幼、老、輪」提供無身分及用途限制、免預約、可跨縣市的交通運輸服務，讓行動不便者也能享受方便、貼心的服務，不論是平日為出門苦惱或因身體狀況而無法成行的旅遊規劃，皆能暢行無阻。

▲ 日本知名作家乙武洋匡訪台期間，全程提供無障礙服務。

成立近五年來，「多扶接送」成為台灣無障礙接送、旅遊的第一品牌，承辦過全球口足畫家在台年會、負責日本知名身障作家乙武洋匡的訪台行程，甚至還帶客人花五天完成大甲媽祖遶境行程。

「把台灣打造成亞洲無障礙旅遊的典範」是許佐夫最大的心願。

雖然目前大家對於復康巴士的認知，還停留在租車業的接送服務，但許佐夫在創業之初就把「多扶接送」定位為服務業，力求提供最好的設備及服務，體貼客戶的需求。

先是用明亮的彩繪車身，破除復康巴士給人負面陰暗的印象；也花大筆資金改裝車子及添購爬梯機等輔具，更重要的是，許佐夫灌輸同仁用對待家人般的細心態度來滿足客人的要求。

「我常常告訴同仁，他們的職務是管家，開車只是工作的一部分。」許佐夫從各行各業中尋找有服務熱誠的人才加入團隊，有次無意間看到同仁體貼客戶，趁空檔主動為阿公排隊買紅豆餅，自己都感動不已。「多扶接送」也是第一個導入無障礙服務SOP（標準作業程序）的公司，「講愛心、同理心都很空泛，我們從與客

▲ 配備各式輔具，務求安全平穩地將乘客送到目的地。

戶的互動中學習、制訂標準流程「多扶五十六動」，現在已經有一百多個動作了！」從停車、客戶上下車、操作設備到電話聯繫追蹤，連準備新鈔找零都在規範之中，務必要做到讓家屬放心、長輩安心。

從醫療接送開始到發展無障礙旅遊服務，許佐夫不諱言地表示，因為無障礙設備造價成本高，公司經營單靠醫療接送絕對不夠，「用醫療接送培養無障礙旅遊客源、藉由無障礙旅遊的獲利填補醫療接送虧損」，成為「多扶接送」的營運策略。

「其實有很多創投看好無障礙旅遊服務這個區塊，要我捨棄接送服務，單獨成立無障礙旅遊公司，但醫療接送才是身障朋友最需要的，所以我堅持以目前的方式經營。」

日前「多扶接送」登上創櫃板，成為台灣第一個進入資本市場的社會企業，「我的目的不是募資，而是希望取得更多身障者的信任，加速中、南、東部的拓點，讓多扶的服務可以遍及全台！」

從填補社會福利制度中的不足之處出發，進而開展無障礙旅遊的事業版圖，用營利事業成就非營利的理想，「多扶接送」證明了公益也會是門好生意。

▲ 帶著身障朋友一起參加大甲媽祖遶境行程。

台灣成為亞洲無障礙旅遊典範

「多扶接送」執行長　許佐夫

若不是因為自己的阿婆生病了，我應該到現在都還不知道台灣的無障礙服務落差這麼大！多扶今年五歲了，外界常常稱讚多扶有許多創新的服務，但老實說，我們不過是把一般人視為理所當然的需求，擴及到行動不便的朋友身上而已。

我常想，如果老天爺是故意把我從傳播領域轉到身障服務，那我到底可以為台灣的身障服務帶來什麼不一樣的轉變呢？所以，我開始帶輪椅朋友們去看電影，去餐廳吃飯，去烏來泡溫泉，去美容院理頭髮，建立身障服務SOP的標準，帶行動不便的一家人去環島旅行，帶他們進行各種最基本的「社會參與」。這一切所謂的「創新」，不過是秉持著我們多扶最基本的服務精神——「如果我們服務的是自己的爸媽，我們會怎麼做？」

回想剛創業時的辛苦，沒業務沒收入沒人支持，這些都還不算什麼。真正讓我覺得苦的，是被身障朋友誤會為「詐騙集團」，或「又是一個要拿我們的身障手冊

▲ 出門不再是負擔，行動不便的朋友也可以盡情享受生活。

去騙錢的人」。這樣的誤會到兩三年後，身障朋友看到我們的堅持與努力，才真正得到認同與肯定。

我創業的時候沒聽過什麼是「社會企業」，我只是鐵了心的堅持我要解決的社會問題，因為我不希望別人家庭受到跟我家一樣的痛苦。所以我常跟有志創業的朋友說，「多扶接送」絕對不是一個好例子，因為我們多扶沒去分析SWOT，沒去計算投資報酬率，我們就是拼命！

多扶現在很榮幸地被各界視為社會企業，而我們的心願是——配合政府政策，改善台灣的無障礙環境，並透過多扶接送的全方位服務連結，讓台灣成為亞洲的無障礙旅遊的示範地區。就像您想到迪士尼就會想飛到日本東京去玩一樣，我們希望全世界行動不便的朋友享受最細緻、最全方位的無障礙旅遊服務，打造台灣成為亞洲無障礙旅遊的典範！

這絕不是我一個人做得到的事，所以我需要理念相同的夥伴一起打拚！

因為「只以健康人為中心的社會，絕不是個健康的社會」，「只有障礙的環境，沒有障礙的人」。

26

「慢飛兒」董事長／戴耀賽

▲

品牌：慢飛兒

產品：清潔環保服務，複合經營咖啡館及二手商品交流生產，推廣自有品牌「慢飛咖啡」及各式伴手禮。

幫身障者活出自信

身心障礙者受限於自身狀況與技能條件不足的情況，在就業市場上屬於競爭力較弱的一方，加上雇主對於身心障礙者的刻板印象、欠缺職務再設計的觀念、擔心影響公司生產效能等疑慮，導致身心障礙者的就業瓶頸遲遲無法突破。

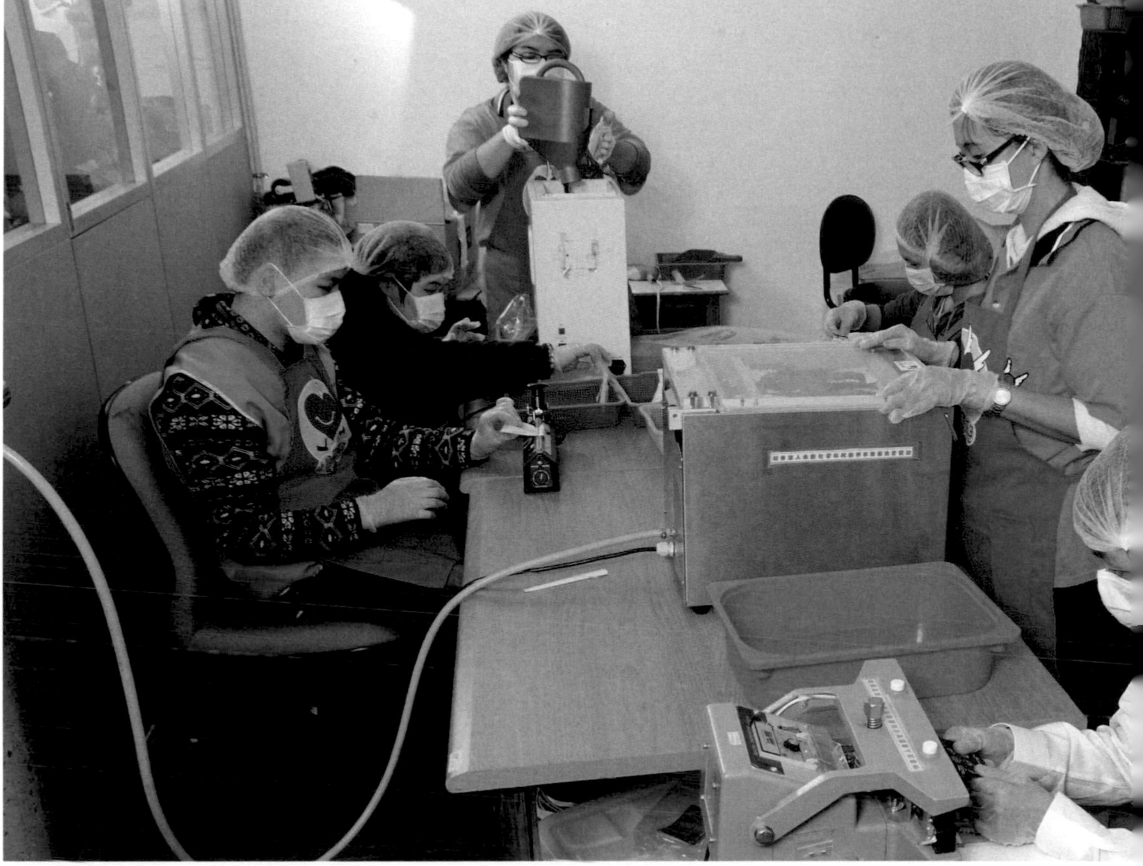

▲ 從事咖啡代工生產，慢飛兒們也能自食其力、夢想起飛。

以「陪伴身心障礙者，成為社會生產者」為職志的戴耀賽，創辦「慢飛兒」致力讓身障者也能活出自信與尊嚴。

戴耀賽本身是一位白化症患者，天生與眾不同的外表及弱視眼力，小時常遭受他人異樣的眼光及嘲笑，封閉、自卑是他成長過程的寫照。直到高中時期因緣際會參與志工活動，才扭轉了人生與消極的宿命觀，他喜歡上這個可以幫助別人的行業，也奠定自己未來的人生發展方向。

多年來戴耀賽一直從事身心障礙者的照護工作，實際服務了視覺障礙者、脊髓損傷者、智能不足者，為提供身心障礙者更多專業的協助，閱讀吃力的他持續進修，不僅取得大學福利系學位，也積極參加社政單位的專業技能訓練，還會隨身帶著放大鏡以備閱讀所需，並透過五百倍放大軟體不斷地在網路上查閱資料、獲取新知。

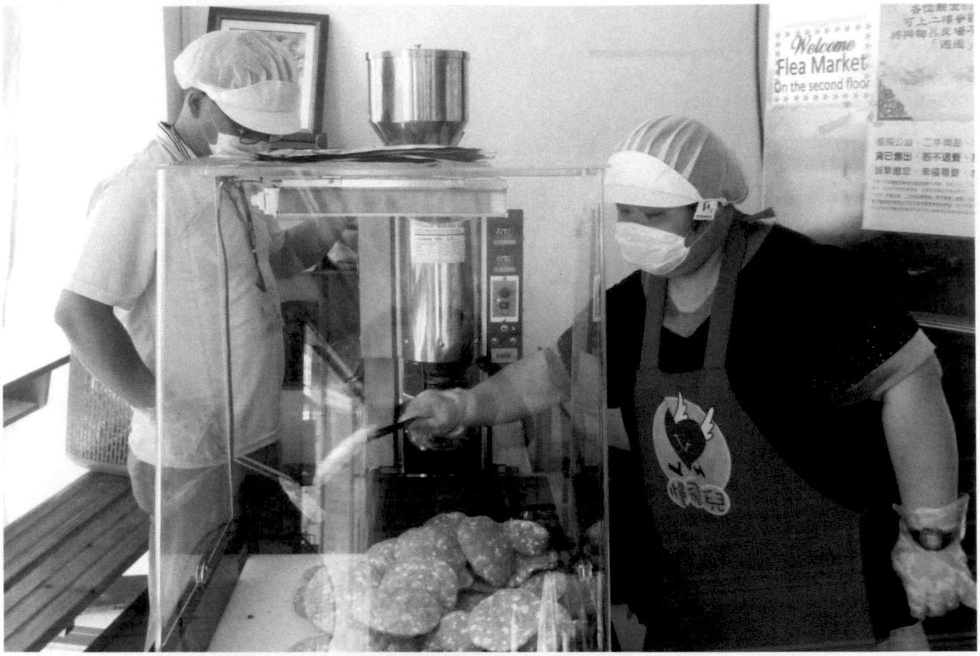

▲ 製作米香爆餅，逐步開拓更多元的工作與學習面向。

「在助人處遇見幸福」是戴耀賽的人生感悟，除了養護照顧、教導生活自理，二〇〇八年成立「慢飛兒」輔導身心障礙者習得一技之長、提供就業機會及友善的工作環境，協助身心障礙者從簡易的工作開始自力更生。

「慢飛兒」結合環保概念與在地資源，推出多樣化的服務與產品，從清潔打掃工作、二手物資的回收，以及販售公平貿易的慢飛咖啡，到新竹當地擂茶及伴手禮的生產代工等，強調身心障礙者「好事慢慢來」的專注與細心，運用個人的人格特質與技能、配合適當的流程改造，並多給予支持與鼓勵，慢飛兒們不但可以將二手家具擦拭整理得像新品一樣，也可以煮出不比坊間差的香濃咖啡。

慢飛兒們在這裡工作享有勞健保，開始賺取薪資貼補家用，還一起存錢出國旅遊，到迪士尼一圓夢想。正因為自己是透過社會參與，走過自卑、自信到自強的過程，也明白身心障礙者家人一輩子的牽掛與最簡單的期盼，就是希望孩子可以勇敢踏出家門、被社會接納。

因此，縱然備感艱辛，戴耀賽仍然堅持身心障礙者不該被隔離在教養中心或家中，而是要融入社會體制，正常地與人生活、互動。

▲ 用心陪伴身心障礙者，從「受助者」蛻變成為社會的「生產者」。

戴耀賽的故事及「慢飛兒」的經營理念，不禁讓人聯想到日本一家被喻為「民眾希望這家公司永遠都在」的粉筆工廠，這個中小企業聘僱了七成的身障員工，業者一開始也不了解身障者為何要工作，能在安養院待著或在家中看電視不是更好嗎？

問了禪師才明白：所謂的幸福，一是被愛，二是受人讚美，三是對他人有所貢獻，四是為人所需要。但其中第二、三、四項是必須藉由工作才能體會得到的。

雇主受禪師啓發，思考「公司不正是可以提供這種機會的場所嗎？這不就是企業的存在價值和社會使命嗎？」對個人的生存而言，工作是展現才能、肯定自我的途徑之一，也得到經濟上的獨立與滿足。

然而大部分的人都忘了工作所能帶來的幸福感，企業也顯然有比提高銷售或創造利潤更宏觀的價值和意義：創造幸福、被人所需要、讓員工帶著驕傲工作並且能夠帶給其他人幸福。

戴耀賽是生命的鬥士，逐步落實協助身心障礙者及弱勢者就業的目標，「慢飛兒」也努力朝向自給自足、永續經營，實現身障者自我生命價值與服務他人的社會企業願景。

▲ 化身耶誕老人，在助人處遇見幸福。

生得尊嚴、活得平等

「慢飛兒」董事長　戴耀賽

背對著陽光，數著地上的影子，這就是我小時候看到的世界。正因為我本身是身心障礙者，儘管清楚身障者在現今社會的處境待遇，卻也因此加強了我證明「身障者也可以」的生命價值，因為我就是這樣走過來的，我相信其他的身障朋友也可以！在四處奔波籌措後，日間養護性的愛恆啓能中心，以及提供身障者就業的慢飛兒庇護工場先後成立，然而成立後該如何永續經營？挑戰才正要開始。

首先，該如何打破外界對身障者「弱勢、沒辦法工作」的刻板印象？該怎麼改變現今社會普遍認為心智障礙者「憨、傻」的觀念？又為什麼一定要讓身障者工作、有人照顧不好嗎？我沒辦法跟大衆一一解釋，所以我做給你們看：當我們的受助對象從一個躲在家中不肯出來見人的大孩子，變成了能扛起家計、薪水拿去給父母繳房租買菜，甚至幫弟妹還學貸的家庭重要支柱；當愛恆慢飛兒從起初進來的生澀怕生、什麼都不會，漸漸地會泡咖啡、整理賣場商品、幫客人找錢的「超級店

▲ 二手賣場裡，商品五花八門，都是慢飛兒們細心整理、擺設。

員」時，我能不因此感動落淚、為他們感到驕傲嗎？

愛恆慢飛兒一路走來，老師與同仁的努力自然功不可沒，但更重要的是這群大朋友自己的努力——他們是願意學習的，只是需要有人給他們機會！慢飛兒的賣場工作教會了他們清潔打掃、整理物品上架、收銀、煮咖啡，但這還不夠；社會是現實的，對身障朋友的「弱勢」印象甚至會延燒到他們所生產的產品上——即使我們的產品品質跟商業市場一樣好、只是手工製作的速度比較慢，但卻很難去說服民眾相信這個事實，更別提我們沒有足夠的行銷廣告預算可以跟企業競爭。

為了改變我們商品的市場競爭地位，我幾乎可算是憑著一股傻勁、在兩年前下了一個重大的決定：成立慢飛兒有限公司，協助愛恆慢飛兒的行銷管理、創造經濟通路。從公司草創的百廢待舉，到愛恆慢飛兒陸續接下咖啡、紅茶、米餅等食品的代工，今年初又進行了3C卡片的代工生產，並且獲得執行長的肯定——這些來自各界的鼓勵對我們都是有力的鼓舞，讓我更加堅信自己的創業理念。

為了實現一杯咖啡，三份關懷的核心價值：保護地球、公平貿易、關懷身障，我們在與中華大學教授們與

▲ 各式產品都是「好事慢慢來」的成果。

學生的產學合作之下，成立了慢飛兒咖啡坊的經營，並取得了國際公平貿易組織的認證，成為臺灣第二家有此認證標章的單位。愛恆對於這些陪伴我們一路走來的朋友，一直都充滿了感激和感動；我期許愛恆慢飛兒就像這個名稱一樣——在這片跟大家一樣的天空之下，慢慢飛翔！

▲ 參與「社會企業嘉年華」活動，用集體的力量引發社會關注。

27

「福樂多醫療福祉事業」董事長／蔡錦墩

FUROTO
As human, for human
福樂多醫療福祉事業

▲

品牌：福樂多
產品：銀髮族生活輔具及用品、健康促進課程，並提供全方位的生活照顧諮詢及服務。

高齡者全人照顧網絡

人口老化是很難扭轉的趨勢，推估二〇一七年台灣老年人口比率將達百分之十四，成為「高齡社會」，而出生率與死亡率也將在此時交叉，人口負成長及結構老化所帶來的影響與衝擊，將正式展開，首當其衝便是銀髮族對於健康醫療照護的需求增加。另外，彌補工商社會家庭型態的轉

▲ 從輔具、居家、社區全方面推廣老人福祉事業。

變與功能的不足，如何透過社會外部機能，建構在地老化的社區型福祉設施，在生活各方面滿足高齡者的需求，也成為非常重要的社會議題。

早在一九九四年銀髮產業尚未受到關注之前，蔡錦墩便懷抱著創造高齡福祉社會「福氣、快樂多」的理想，以「歡歡喜喜的服務、輕輕鬆鬆的照顧」為宗旨，成立「福樂多醫療福祉事業」。在創辦之初就自許是營利事業中的福祉事業，堅持以企業經營的模式實現自己的願景。

從生活輔具的販售、居家無障礙空間的改造，到長照機構的設計規畫、居家照顧，以及引進日本加賀谷宮本式音樂照顧，以及推廣身心機能活化運動，成為促進身心健康、延緩老化的活動宣導媒介；從硬體到軟體、失能者的生活到健康者的預防照護，「福樂多」廣泛延伸關心觸角，發展出多元的事業項目。

▲ 福樂多居家生活館開幕：自許是營利事業中的福祉事業。

「有夢固然很美，但夢想可以實現更美！」蔡錦墩秉持思考、創造、執行的理念，不斷地在營利與非營利的天秤中找到一個讓企業生存，同時也為福祉盡一分心力的平衡點。近幾年來，更積極從事社區生活照顧及人才教育培訓的工作，期望將「福樂多」打造成為全人照顧的服務平台。

「老人家這裡痛，就帶去看醫生；行動不便，就買張輪椅推他，照護工作不是這樣就夠。人活著要有尊嚴，必須建構高齡者全人照顧網絡！」蔡錦墩表示，有別於大型安養機構的建設成本高、距離較遠等問題，社區型小規模多機能高齡者生活及照顧服務事業所，是一種新型態的服務模式，由政府委託在左營開辦的翠華園便是一例。翠華園由專業的護理師及社工人員，針對高齡者各方面的需求提供「單一窗口，一站滿足」服務，包括日間照顧、營養餐食、休閒活動、定點沐浴、健康管理、用藥指導、福利諮詢轉介、居家服務等。加上生活輔具及無障礙空間的推廣，結合社區醫療、藥局、照顧與生活四大區塊建立循環網路。未來計畫以連鎖的方式拓展經營，以在地化、普及化的概念落實到台灣每個在地生活圈。

▲ 引進日本加賀谷宮本式音樂照顧，活化身心機能、預防老化。

「福樂多要成為高齡者的7-11，讓銀髮族可以在自己熟悉的社區裡安享晚年，在生活上得到健康、支援、照護等多重服務，享受有品質的樂齡人生！」深耕照護服務產業多年，蔡錦墩一直樂於與產官學界分享他豐富的實務經驗，規劃多種研修教育課程，包括身心機能活化運動、加賀谷宮本式音樂照顧、高齡與中風者模擬體驗。鑒於照護人才培育的不易與不足，特別與大專院校合作開發情境示範教室，將實務服務內涵導入學校教育，並提供學生在企業機構實習的機會。

同時蔡錦墩也不斷透過專題演講與研討會，與台灣政府單位及福祉、醫療、長照法人機構交流合作，結合日本多方資源，從深度、廣度不同面向，推展適合台灣本土的福祉制度與產業模式。

長年來，台灣全國各地及華人地區前來參訪、見學、研修的人絡繹不絕。「福樂多」發揮價值化及差異化產業連結功能，儼然成為台灣促進高齡福祉與產業發展的平台。

如今，「福樂多」已在上海成立分公司，帶著全人照顧的理念，以及執行管理上累積多年的軟實力進軍大陸。福樂多深化銀髮服務產業軟實力與核心價值，並以台灣經驗前進大陸，擴大服務範圍。

▲ 參訪、研習者絡繹不絕，是銀髮事業產、官、學交流合作的平台。

築一個老人夢

「福樂多醫療福祉事業」董事長　蔡錦墩

許多人常問我，創業近二十個年頭，到底支持我的願景或願望是什麼？想了一想，好像就是「築一個老人夢，弄一個生活圈，造一個交流平台」。這看似簡單的想法背後，卻讓我被人笑說「蔡董，頭殼壞去了」達十年之久。欣慰的是，近來大多數的人都改口說「蔡董，您真是個有遠見的人」，我的頭殼也終於「恢復正常」了。

但說真的，老人夢，還真的不容易做！為了獲得認同與建置生活圈及交流平台雛型，總是秉持沒人要做，那就自己做，就算會賠錢，就想辦法省錢、賺錢和找錢來補。感恩天公疼憨人，一個平凡上班族所創的小企業，在化整為零的努力後，總算讓企業由虧轉盈，穩健成長。

為什麼福樂多不像其它業者一樣，專注在「賣產品或服務」就好，還要涉及顧問規劃、學校教育、長照、社區及居家照顧的經營領域，甚至還自己「撩落去」做護理之家、社區日間照顧、居家服務、居家無障礙改

▲ 致力推廣老人健康休閒運動：全國銀髮族高爾槌球及賓果大賽。

造、高齡友善環境設計與企劃等。原因很簡單，就是因為我們要賣的是「Know-how，也就是問題解決方案（total solution）」，因為有時全人規劃與預防介護才是根本解決之道，不要讓老人或家庭照顧者認為「頭痛醫頭，腳疼看腳」是唯一的選擇。

成為「知識經濟企業」是福樂多的遠程目標，長期在各領域累積的知識資源、公司團隊，以及政府、學校、產業專家與業者的導入整合，已讓福樂多的交流平台日益發揮其綜效，進而讓我理想中的「老人生活圈（結合社區醫療、藥局、照顧與生活）」具體成形與運作。福樂多將以大高雄地區為基地，目前已開設二間銀髮族居家生活館作為與民眾交流的媒介，提供「單一窗口，一站滿足」的生活圈服務模式，並開始與在地醫院合作提供出院準備服務，讓「返家照顧，在地老化」更具體可行。

預計在未來二年內，福樂多會將此生活圈服務模式複製到台北與台中，持續整合更多跨產業的業者進入平台，甚至開發各種利基市場或在地化服務的商業模式，例如老人旅遊與餐食等。另外，利用目前平台的師資與人力資源成立人才培育與研修實訓中心也是另一大目標。

▲ 結合社區醫療、藥局、照顧與生活，朝「老人生活圈」的理想邁進。

創業甘苦談，給下一位「頭殼壞去的小蔡董」

劇場大師李國修說過：「人，一輩子能做好一件事，就是功德圓滿！」，可見成就事業的過程，堅持與專心有多麼重要。我不是個偉大的人，但也如同大師一般是個堅持到底的人！

創業之初，看見高齡化是不可逆的趨勢，想想自己在二〇一七年時也將成為一位六十五歲的老人，加上自己在西河儀器也算是個成功的管理者，因而憑著一股我一定也行的「傲氣」就來挑戰老人產業。然而，時不我予，經營之初慘賠長達七年之久，一般人可能早就拍拍屁股走人，回去當人家的員工，而當時自己就只覺得「頭洗下去了，不洗完也不行」，就這麼一直撐下去。

隨著企業經營愈久，傲氣逐漸轉成一種「義氣」，一種對自己負責，證明自己的堅持是對的；對員工負責，鼓勵內部創業與開枝散葉；對跟隨著我們一同成長的夥伴與長者負責，能達成在地生活、在地照顧與在地就業目標的義氣。

目前進入老人產業佈局已是時候，但「資金充足」真的很重要，因為這個產業不是立竿就可見影，有著解

▲ 希望老人家都能「福氣、快樂多」。

決社會問題的社會企業心態比起短期營利的商業模式更是重要。希望未來進入此產業的「小蔡董」都能長期抗戰，把「老蔡董」我的老人夢作大織美。

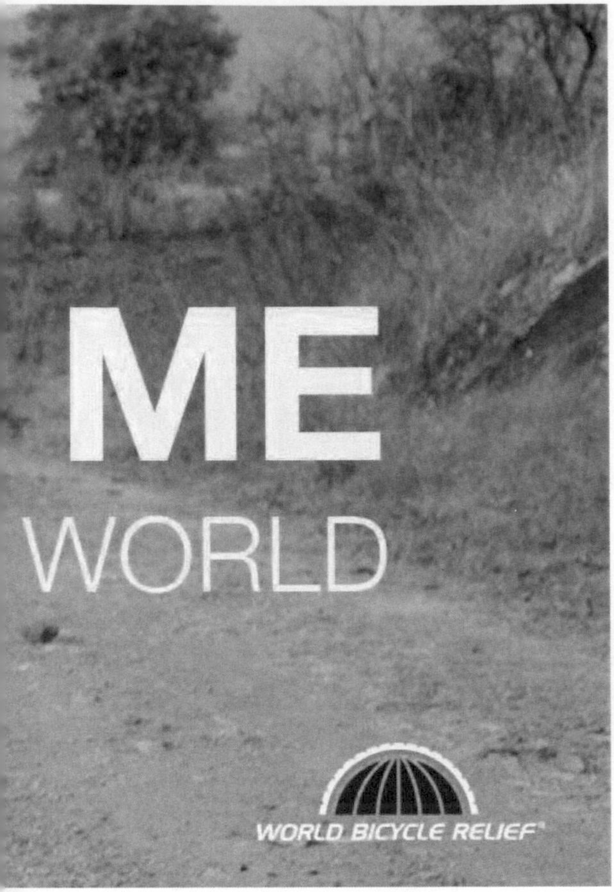

28

「World Bicycle Relief」亞洲區負責人／鄭永權

雙輪轉出非洲希望

在實現一日地球村的今天，自行車是我們休閒娛樂或通勤代步的工具，但在非洲等第三世界國家，才正由「World Bicycle Relief（WBR）」掀起一連串自行車扭轉命運的行動。透過自行車最原始的功能，突破距離的障礙，對當地生產力、醫療照顧、

▲

品牌：World Bicycle Relief
產品：在非洲等低度開發國家生產製造、販售自行車，對當地生產力、醫療照護、教育及經濟活動產生影響力。

▲ 將自行車作為一種工具，解決距離所帶來的社會障礙。

教育及經濟活動等層面產生巨大的影響力。

WBR是隸屬於國際自行車零件大廠速聯（SRAM）的非營利組織，二〇〇四年南亞海嘯後，創辦人之一F. K. Day開始致力於推廣自行車的慈善運動。相較於步行，自行車可以增加承載五倍的物資、延伸四倍的行進距離，不但醫療資源可以更有效發揮，對於災後重建也有出人意料的成效。

隔年決定創辦WBR並深入思考如何連結產業鏈，將「自行車的力量與價值」落實在非洲等低度開發的地區。

「整合跨國供應鏈的既有資源，將效益永續傳遞、並擴大到需要的人們身上，一直是WBR努力的方向。」WBR亞洲區經理鄭永權說。作法上，由美國總部負責資源整合及非營利機構的連結、在亞洲地區研發設計符合當地需求的車款及零件供應，另外在

▲ 在地培育技工、創造就業機會：新車在尚比亞組裝完成。

肯亞、尚比亞、辛巴威等國設有組裝工廠及維修店面。「Buffalo」便是在非洲因應而生的社會企業，專門生產販售可負重、耐用、高品質的自行車，用永續的商業模式為非洲帶來改變的契機。

WBR也捐贈自行車予學校等弱勢族群，提升孩童的就學率，並發展出多元的行銷管道，與非營利組織合作聯名製造，提高醫療、援助人員在地的執勤效能；與企業合作成為社會責任展現的方式，有公司認購後再行捐贈，也有直接將自行車作為員工的福利獎勵，表現優異的員工只要分期負擔少部分費用，就可以擁有自行車，在生產營運及降低人員流動都發揮了實際的作用。

除了在自行車產業中培養專業技能人才、創造就業機會，也協助當地居民向銀行貸款購買自行車，原來一天只能提兩桶牛奶步行到市集販售的酪農，有了自行車後就可以運送更多牛奶，增加收入償還貸款，各行各業也有了擴大經營規模的可能。

「我們希望能逐步改善非洲當地整體的生活及經濟狀況！WBR的理念不只是給魚吃、教他們捕魚，更重要的是要讓這池塘裡有魚！」

產業界的思維向來是以滿足金字塔頂端客群的需求

▲ 因應非洲環境，設計壯如水牛般的「Buffalo」系列車款。

為導向，在自行車產業更是明顯，碳纖維、輕量化、競速都是技術研發的重點，「實際進了非洲市場後，我們才發現這些都不管用，真正開始了解所謂「金字塔底層」的需求。」

要能載貨九十公斤、又必須在難以想像的路況中行進，從煞車系統到防刺外胎，全部都要重新設計，才有壯如水牛般「Buffalo」系列車款誕生，「我想當初設計師及供應廠商應該都很傷腦筋吧！」鄭永權笑著說。

WBR現在也進一步研發與自行車踩踏功能結合的周邊設備，例如用腳踏產生的動能剝離玉米粒，因為玉米粒的販售價格遠高於整支玉米，這樣每個家庭就可以再利用自行車生財。

有管理大師相信新興市場的金字塔底層商機無限，但我看到的是一個充滿社會責任感的企業，從金字塔底層的需求出發，引導出產品研發及商業營運的創新。

從改善教育醫療、維持生計到促進經濟發展，對非洲人民來說自行車不再只是交通工具，而是可以扭轉命運的希望。

▲ 與世界展望會志工一同為部落醫療、教育做出貢獻。

期盼豐富與共好的世界

「World Bicycle Relief」亞洲區負責人　鄭永權

WBR從創立之初至今，已經歷了許多困境、學習與轉變，每次的學習與轉變都讓我們反思並蓄積新的力量以求修鍊自我、拓展視野、成就團隊、裨益夥伴，並且也更趨近組織的願景。

WBR在二〇〇八年至二〇〇九年開始小規模實驗社會企業的運作模式，積累數年經驗後才在慈善組織（WBR）之下設立控股公司（Buffalo Bicycle Limited，BBL），希望以企業運作的專業、效率模式讓組織的慈善目的與功能可以持續與擴大規模，也讓自行車產業的參與夥伴們能以他們熟悉的專業與作業模式，一起攜手努力，讓彼此的想法、觀點可以在共同的平台上匯聚、交流，為彼此的長遠目標效力：在這轉變的過程中，與產業結合的正向合作力量是很重要的關鍵，而產業裡的領導企業的支持與協助更是成就共同平台的重要支柱。

在這樣的社會企業運作模式並結合自行車產業的支持與協助下，WBR自行車（品牌名稱：Buffalo）的品質及功能適切性在WBR所及的非洲地區十餘國家已獲致高

▲ 走入現場，才能真正了解在地需求、並提出相應對策。

度的認同，在教育、環保、醫療照護、小額貸款、企業工作效能提升與個人事業拓展等領域與相關營利、非營利機構的合作，在近二年也有長足的成長；而這成長的動能也挹注WBR更多的資源來提供更好的產品與協助方案來回應更多窮人的需求。我們啓動了一個正向循環，這是我們欣喜與期盼的開始。

在邁入第一個十年的二〇一四年，我們體認到還有許多的工作與挑戰在引導我們要以熱情去學習新知識與新技能，以誠懇、互惠、互信的態度去邀請更多夥伴，並以謙遜、自省的觀點來檢視我們已完成的工作與進展，深入了解窮人的需要並努力滿足他們的需要；當窮人的需求被滿足了，他們自己的雙手會握緊他們自己的命運之鑰，他們將會更有能力來逐步推動他們自己生活的改變；屆時，我們相信，豐富與共好的世界的實現是真的可以被期待的。

▲ 將非洲龐大的人口轉化為一個需求能夠被滿足的市場。

重新遇見美好

「World Bicycle Relief」團隊成員　古佳玉

加入WBR這一年多來，我手上同樣有許多廠商需要聯繫、報價追蹤，也同樣存在成功與挫折。。但是，我找回了自己心中的太陽；我看到企業主樂於提供資金資源體現人心的善良，我看到基於善意的協調溝通過程中那美好的共鳴，我也看到自己眼裡重新燃燒的熱情。漸漸的，我的思考模式也跟著潛移默化；不再僵化，不再冷漠。

WBR結合了四大洲的人力，我們不只把生活、學習、創業、醫療等等所需要的交通工具——腳踏車、送到非洲最貧窮偏遠的地區，更欣慰的是，我看到非洲人們如何藉由腳踏車，得以落實完成學業、改善生活、開創事業和醫療援助的夢想。

我有小孩，我有家庭，我曾以為看到別人生活如何艱難的簡訊信件我會不忍，那是感同身受。但現在我知道，「感同身受」必須是多麼深刻的體會。感謝WBR，感謝每一位為這個信念付出的人們，讓「美好」這朵花開在每一個需要它的角落。

▲ 不只是給魚吃、教他們捕魚，更重要的是要讓這池塘裡有魚！

The power of bicycles

「World Bicycle Relief」 陳璟慧

之前在北非自助旅行時，某個小鎮上招待我的host見我帶著自行車，便找我商量：我每天把車借他五小時，他提供我免費食宿。

當時並未思考太多，只覺得既不用幫忙打掃也不用下廚，就可換得免費食宿，真是機不可失，二話不說就答應了。事後才知道，因為當地交通建設供給與需求之間的大幅落差，平時我的host得花上單程一小時的時間，步行到隔壁小鎮去拉觀光用的人力車。騎自行車上班不僅省下一半的交通時間，亦可保留體力，拉車時更有幹勁。再者，他省下的交通時間，可以帶我導覽這個村落，真是何樂而不為？

瞬間，我意識到，原來自行車不僅僅是完整了大眾運輸發展的最後一塊拼圖，更是重新建構生活型態的最佳素材。

半年前，我加入了WBR的行列。

半年後，我不僅看見了自行車的純粹，也見識到了自行車不單純的影響力。

29

「大王菜舖子」創辦人／王福裕

大王菜舖子

Buy Fresh · Buy Local

▲

品牌：大王菜舖子

產品：網路銷售花東地區自然鮮採的蔬果、海魚、雜糧等，以當季食材搭配組合宅配。

經營小哲學

「你現在是在做什麼？」「阿嬤，我在網路賣菜啦！」「網路喔，這路大嗎？很多人出入嗎？」

這是「大王菜舖子」創辦人王福裕與家中阿嬤的逗趣對話。原本是成大都市計畫的博士候選人，因為學術計畫來到花蓮，接觸花東好山好水的環

▲ 找回充滿樂趣的大地，也讓我們遠離傷害身體的食物。

境與勤奮純樸的農家，勾起他在農村成長的美好回憶及思鄉情懷，也深刻體認到要真正幫助農村永續發展，必須採取行動，而不是埋頭寫一些似乎永遠不會實現的城鄉規劃。

他辭掉研究單位的工作，以社群支持型農業（Community Supported Agriculture, CSA）的方式支持花蓮在地有機耕種的小農，協助將無毒、健康的農產品運銷到消費者手上。

有機種植的小農目前遭遇的兩大困境：一是產量小，難以和大通路合作，但市面上又缺乏小通路與小農配合；二是與收入不成比例的有機認證費用，因為缺乏認證又降低了在有機商店上架的機會與消費者的採購意願。

生產端的農夫需要一個朋友，幫忙配送田間收成的食材；而消費者也需要一個朋友，協助把關、讓安心的食物可以送上餐桌。

▲「找一群人挺一群人」：用心的小農獲得支持，大地自然會被守護 。

大王菜鋪子從二〇〇八年創立僅三戶人家的共同採購，慢慢成長至兩百多戶家庭的支持參與。「找一群人挺一群人」就是CSA的基本精神，「這也證明了小農與消費者之間是彼此需要的，而大王菜鋪子就是中間那個雙方可以信任的朋友與平台！」

在營運上，王福裕實現的不只是消費合作也有生產合作。打破傳統商業概念，在貫徹「規模不經濟」的原則下，規劃農民們栽種小量、多樣化的作物，也鼓勵在地匠師與媽媽們加入生產行列，有師傅手工作的豆腐、豆漿，也有窯烤麵包與手打麵條，好手藝的媽媽們則幫忙製作醃菜、蘿蔔干，連醬油、米酒都自己釀造。

「我堅持『小』才能將關心、服務做到位，『小』才能讓人人發揮才能、創造穩定收入。」CSA在王福裕的運作開始展現效益，開啓了鄉村合作經濟發展的無限可能。「在地好生活」小旅行便是一例，吸引很多外地人來這裡住宿學習過鄉村裡的好生活，可以幫忙下田採收，也可以學做豆腐、麵包及手工木器。「在農村創造收益、留住人口，讓有好食物、好手工、會生活的人都可以得到支持，在這裡過自己想要的生活。」

▲ 這裡鼓勵人們互助合作、交換多餘，重拾到最古老的生活智慧。

大王菜鋪子還有一個非常特殊「以物易物、以工換菜」的交易模式。無力支付有機檢測費用的小農，在確認通過檢測後，就可以用生產的蔬果來跟王福裕交換，折抵費用；下午需要人手整理打包蔬菜，附近的媽媽們就會來幫忙，最後換到一包菜回家煮晚餐。

「這是一開始我沒錢雇用人手的做法，感覺很像回到小時候鄰居間你送我瓜、我送你菜，還有沒錢的人家就送兩隻雞給校長當學費，讓孩子繼續上學。大家交換資源、各取所需，這是我想打造的烏托邦！」所以這個制度持續保留在「大王菜鋪子」裡，不靠金錢而是在信任及分享的基礎上彼此有更深的連結。

王福裕也設置農法學堂傳授自然農法及市場運銷經驗，協助有意回歸農村的年輕人找到「另一群人挺另一群人」，使更多小農及村民得到永續支持。

「以社會理想為體、資本工具為用」，王福裕用小通路解決小農困境、守護食品安全，沒有擴張經營規模的野心，卻有讓CSA遍地開花的理想，讓台灣農村皆能重獲自己的春天與希望。

▲ 在地當令、有機種植、新鮮採收的蔬果。

我的烏托邦

「大王菜舖子」創辦人　王福裕

六年前，在花蓮，為了給家人和身旁的朋友，準備更好的食物，我發起了有機食材的共同購買，三個家庭一起，向在地鄰近的農夫買菜。

很多朋友喜歡也需要這樣的團體，在短時間內，好多朋友加入了我們。

奇妙地，吃的力量冒了出來，讓我們從單純吃菜、轉身成為支持農夫的一群人。

於是，我決定創立「大王菜舖子」，要讓守住這股支持的力量、讓它能永遠持續。

我們「像社會運動一般思考、像企業一般行動」，它不只是一個企業，也是一個以支持農人為導向，「找一群人，挺一群人」的社群支持系統。

在這個系統裡，一群特定的家庭，透過吃菜，「長期」且「穩定」地支持「特定」的農人。

二〇一二年，我決定擴大這個力量，進一步支持一個正在沒落的村子。

▲ 順從土地、順應節氣，和農夫們一起過好生活。

於是，菜鋪子根落壽豐鯉魚山下的小村「平和」。

我希望，用菜鋪子的枝葉守護村子的農人與媽媽們，我也相信，那擅於耕種的農人、和那好手藝的媽媽們，將繁茂菜鋪子的枝葉，我們將一起共好。

這是我的烏托邦，在這個烏托邦裡，農人和媽媽們，需要一個朋友，在產地，幫忙配送田間的收成和廚房的食物。

家庭，也需要一個朋友，在產地，幫忙準備餐桌上的食材。

大王菜鋪子，就是那個朋友。

如果你也喜歡這樣的烏托邦，讓自己進入一個喜歡的小村吧，呼朋引伴，和志同道合的人一起，把食物種好。

小小的，慢慢的，把食物送好，把產地和餐桌，連結起來。

支持的力量會慢慢形成，你一定會看見，一種和田地在一起的好生活。

30

「众社會企業」創辦人／林崇偉

▲

品牌：众社會企業

產品：友善台北好餐廳APP，提供友善餐廳圖文資訊及評鑑。

結合科技造友善城市

一般人對無障礙環境的概念大多停留在狹隘的認知，認為所謂無障礙的設施僅是為身障人士設置，其實除了身障朋友，伴隨著台灣高齡人口的增加，生理機能退化的老人家、大腹便便的孕婦、推著嬰兒車的媽媽及暫時性意外受傷等行動不便者，社會大眾對於安全、便利、友善的生活環境需求與日俱增。

▲ 讓世界知道：米其林餐廳指南來自法國，而友善城市指南來自台灣。

交通大學傳播與科技學系教授林崇偉帶領團隊創辦「众社會企業」，結合資訊科技及智慧行動平台提供友善餐廳資訊，推動建構友善城市，與身障者共創價值。

「現有的美食餐廳平台，連寵物友善餐廳都有了，卻沒有一個是針對行動不便族群所設計！」林崇偉從二〇一二年開始帶領學生著手研擬全球第一套友善環境調查工具，並與社福團體合作，訓練超過五十位身障朋友擔任「愛的特派員」，前往餐廳進行用餐體驗，從無障礙空間動線、菜單字體、洗手間與櫃台設計，依輪椅嬰兒車、孕婦拐杖族、眼睛不方便、聽力不太好等友善類型評價，並於事後提供業者「愛的建議」。

團隊成員黃孟淳表示，「我們以鼓勵代替批評，重點在於提醒業者如何在『硬體』設施不足的情況下，從

▲「友善台北好餐廳APP」與身障朋友共創價值。

『軟體』的服務上補足。」例如：為視力不便者提供放大鏡或念菜單服務、由服務生主動走出櫃台協助結帳或開門。

「每個人一生中或多或少都會有行動不便的時候，友善環境其實是為了每個人而準備的。」黃孟淳說。

原來都是紙筆作業的調查流程與評鑑報告，「众社會企業」進一步整合雲端資料建置，並開發「友善台北好餐廳APP」智慧行動平台。不同於美食推薦，這裡分享每家餐廳的無障礙環境設施與特派員的體驗心得，詳細的圖文解說，消費者可以透過手機獲得具體的友善餐廳資訊。

平台首創的雲端訪查系統也讓特派員們的調查工作更有效率，直接用手機或行動裝置就可定位並上載照片及報告，二〇一三年餐廳資料由五十筆迅速增加到五百筆。除了餐廳，團隊也計畫增加友善旅館、友善公園、友善ATM等主題，更可望以授權的方式在台灣及全球各地城市推展友善行動，建立公正客觀「友善環境服務認證標章」。

用智慧與科技來圓滿愛！「众社會企業」要讓世界知道：米其林餐廳指南來自法國，而友善城市指南來自

▲ 不只是設計一個「電腦程式」、更期許設計一個「友善城市」。

台灣。身障朋友的參與是「众社會企業」的另一項社會價值，他們用自己的弱勢與不便為眾人創造方便，變身成為倡導友善環境的尖兵。

「累積了一輩子不方便的經驗，他們可都是『不方便的專家』。」團隊成員周涵指出，許多店家或企業都很願意朝友善的環境服務及產品設計上改變，只是不知道該怎麼做。

現在「众社會企業」也培訓身障朋友成為講師或設計顧問，開發友善服務的訓練課程及友善產品的設計研發等業務，已有房仲業者聘請勘察社區附近的無障礙設施，也協助保全業者評估大樓緊急逃生路線，相信未來在生活物件及工業設計上，身障朋友都可以有更多機會一展「長才」。「我們會持續為身障朋友創造更多元的就業機會，讓整個社會慢慢變得更友善！」

資訊科技讓「众社會企業」的營運模式深具發展潛力，也讓友善城市的理念更貼近民眾生活；身障朋友們在創新的思維下，從被服務的角色搖身一變成為友善城市設計師，進而產生不同以往的社會產能。

「众社會企業」用程式改造城市，企業未來發展充滿無限可能！

▲ 身障朋友化身為「愛的特派員」，與餐廳的親切互動。

用智慧與科技來圓滿愛

「众社會企業」創辦人　林崇偉

兩年前，我們認識了妙紅與克玲兩位行動不太方便的姐姐。

一次週六熱鬧活動後的傍晚，大家說：走，一起去吃頓飯好好聚一聚、聊聊天吧！

去哪呢？從松山文創園區徒步往市府轉運站走去，我們想，這條台北要走二十幾分鐘路上，總可以找到家餐廳大夥吃頓飯吧？

沒想到！穿過大街小弄，我們經過了二十多家餐廳。

每一家的門口都有著或高或低的門檻與階梯，有著鋪著草皮與石塊的幽雅小徑，但竟然就沒有一家，是坐著電動輪椅的她們，進得去的。

還記得，詢問每一家餐廳老闆時，他們驚訝與似乎從沒想到這個問題的表情；

迴盪著，妙紅與克玲一路不斷嘟囔著：沒關係啦，下一家我們再看看的聲音；

▲ 運用最新雲端科技，透過手機與平板電腦進行調查與資訊蒐集。

忘不了，最後，在那個每家餐廳都排著長長人長龍的週六市府轉運站地下街。

妙紅與克玲姐姐突然說：喂，我們突然想起晚上原來有事情，所以今天沒辦法陪你們吃飯囉，快回家吧。

我們低著頭，但其實大家心裡都清楚是怎麼一回事地說：歐，那好吧，我們下次再找地方來好好聚一聚？

那一刻，就從那一刻起，众社會企業努力的目標非常明確：

設計一個APP能「隨時隨地很方便就找到能進得去的友善餐廳資訊」，讓大家能跟行動不方便的朋友、阿公阿媽、懷孕的太太、嬰兒車與寶寶一起出去好好吃頓飯。

推動一個ACT能「建立身障朋友跟各行各業業者一起創造友善環境」，讓餐廳、旅館、銀行、藥局、學校、電影院、火車站與各種公共服務提供者逐步一同參與友善。於是，我們展開了這趟不僅是設計「電腦程式」，更想要設計「友善城市」的社會創新旅程。

妙紅與克玲姐姐，還有先後五十多位熱血的行動不方便朋友們（愛的特派員），運用众社會企業所開發的智慧行動調查工具，親身前往餐廳體驗與調查，完成

▲ 團隊巧妙結合身障朋友的不便，為眾人創造方便。

「友善台北好餐廳APP」，提供包括出入口、動線、廁所與各項公共設施與服務的詳細友善環境資訊。她們用自己多年來的「不便」，創造出能夠服務眾人的「方便」。友善台北，當然只是這個夢想的開始，還有更多的餐廳、更多的城市需要靠大家幫忙來完成。

不同於現有法律強制規定硬體環境檢查和行政罰款，友善調查的結果（友善APP與年鑑）沒有對餐廳的批評，而全是身障者對無障礙環境和服務情境的第一手寶貴建議。众社會企業與愛的特派員所提供的友善諮詢、教育訓練與服務認證，幫助餐廳老闆與所有產業善盡企業社會責任，理解行動不便者的服務需求，改善服務設計，以因應台灣與世界各國所面臨高齡社會裡無障礙友善環境與服務的嚴峻挑戰與龐大商機。

每一個溫馨與歡樂的時刻，別忘了行動不便的家人朋友！這是众社會企業與愛的特派員「友善志業」的初衷、堅持與夢想，請您跟我們一起，展開行動。

結語

以愛創業，創愛的業

「美商中經合集團」董事總經理　朱永光

生命的旅程就像交響樂篇篇樂章，其過程有如長河，難免起落。社會上有許多精彩人物，在生命漩渦轉彎處，藉著急流衝力，沖刷出自己的河道，大河風景分外精彩，令人激賞！

在過去的世代，由於歷史及時空環境等因素造就了許多英雄人物，他們不僅為自己生命編織出精彩樂章，也對台灣社會做出貢獻。在政局動盪的四〇年代，李國鼎及孫運璿憂國憂民、犧牲奉獻，為台灣開拓一條康莊大道；在經濟起飛的七〇年代，林懷民（舞蹈赤腳醫生）、施振榮（台灣品牌先生）、嚴長壽（台灣旅遊飯店業之父）堅持自己的理想，逐步為台灣在國際舞台上打響名號。到了二〇〇〇年的新世代，由於時代、環境的演變，所謂英雄的定義改變了，樣貌也更為多元，但對理想的堅持及對社會的高度責任感，則是共同具備的人格特質。

目前國內就有一些年輕人正藉由商業力量以企業經營方式解決社會問題——社會企業，相較於過去一些慈善團體解決社會問題，主要依靠政府或善心捐款以維持運作。社會企業的概念正逐漸由歐美引進台灣，而令人驚訝的是目前在台灣最積極投入宣導及運作社會企業的反而都是年輕世代，雖然他們所擁有的資源包括金錢、企業經營知識、經驗及商業人脈網路都非常貧乏，但他們卻都憑藉著一股熱情、使命、堅忍及毅力去實踐他們的社會公益理想。

就我觀察，這群人所創造出社會價值，不單只是解決社會問題而已，還提供我們反思建立「以使命為基礎的管理制度」，所謂「以愛創業、創愛的業」的管理思維，從Motherhouse、大愛感恩科技等都可以清楚看到它在對內管理上，全體同仁的主動、進取及創意等境界的提昇，正是因為公司的主軸理念很容易凝聚員工的向心力，使大家為一個相同目標聚集在一起，相互激盪、彼此激發更多的能量與才能，創造令人驚嘆的工作表現。回歸經營管理，企業若想持續推出具有競爭力的創新，就必須思考重建商業與管理的價值觀，並教導員工如何以全新眼光看待周遭世界，信仰且奉行企業獨特的價值觀與精神，方能成就真正的管理創新與企業轉型，建構友善的資本主義，發揮市場效能。

創業不易，尤其是社會企業，必須同時肩負社會理想與營運獲利。在過去晤談中常常不禁思考，這些創業者是偶然、還是命定踏上社會企業的創業之路，誰也無法說得清楚，但我相信他們都是在人生的某個時間點，被周遭生活中的某些事件觸動了內心，感受到無法抵擋的召喚，要他們非得為某些人或這個社會做些什麼！正如證嚴法師以慈悲心和善心啟動領導慈濟，這些社會企業創業家也正「以愛創業、創愛的業」為信念，以無比堅強的毅力，將心中的熱情，透過商業企業的技巧，逐步完成社會理想的實踐，我們除了無比的尊敬、熱烈的鼓掌也願意為他們獻上無限的祝福！

PI0029

我們，創愛的業
——30位台灣社會企業創業家的理想與堅持

編　　者　林芳盈
責任編輯　林泰宏
圖文排版　秦禎翊
封面設計　陳怡捷

出版策劃　釀出版
製作發行　秀威資訊科技股份有限公司
114 台北市內湖區瑞光路76巷65號1樓
電話：+886-2-2796-3638　傳真：+886-2-2796-1377
服務信箱：service@showwe.com.tw
http://www.showwe.com.tw
郵政劃撥　19563868　戶名：秀威資訊科技股份有限公司
展售門市　國家書店【松江門市】
104 台北市中山區松江路209號1樓
電話：+886-2-2518-0207　傳真：+886-2-2518-0778
網路訂購　秀威網路書店：http://www.bodbooks.com.tw
國家網路書店：http://www.govbooks.com.tw
法律顧問　毛國樑　律師
總 經 銷　聯合發行股份有限公司
231新北市新店區寶橋路235巷6弄6號4F
電話：+886-2-2917-8022　傳真：+886-2-2915-6275

出版日期　2014年10月　BOD一版
定　　價　340元

Printed in Taiwan

國家圖書館出版品預行編目

我們，創愛的業：30位台灣社會企業創業家的理想與堅持 / 林芳盈編. -- 一版. -- 臺北市：
釀出版, 2014.10
面； 公分. --
BOD版
ISBN 978-986-5696-24-5 (平裝)

547.933 103009975

讀者回函卡

感謝您購買本書，為提升服務品質，請填妥以下資料，將讀者回函卡直接寄回或傳真本公司，收到您的寶貴意見後，我們會收藏記錄及檢討，謝謝！

如您需要了解本公司最新出版書目、購書優惠或企劃活動，歡迎您上網查詢或下載相關資料：http:// www.showwe.com.tw

您購買的書名：________________________________

出生日期：________年________月________日

學歷：□高中（含）以下　□大專　□研究所（含）以上

職業：□製造業　□金融業　□資訊業　□軍警　□傳播業　□自由業

□服務業　□公務員　□教職　□學生　□家管　□其它_____

購書地點：□網路書店　□實體書店　□書展　□郵購　□贈閱　□其他

您從何得知本書的消息？

□網路書店　□實體書店　□網路搜尋　□電子報　□書訊　□雜誌

□傳播媒體　□親友推薦　□網站推薦　□部落格　□其他__________

您對本書的評價：（請填代號　1.非常滿意　2.滿意　3.尚可　4.再改進）

封面設計____　版面編排____　內容____　文／譯筆____　價格____

讀完書後您覺得：

□很有收穫　□有收穫　□收穫不多　□沒收穫

對我們的建議：________________________________

____

____

____

請貼
郵票

11466
台北市內湖區瑞光路 76 巷 65 號 1 樓
秀威資訊科技股份有限公司 收
BOD 數位出版事業部

（請沿線對折寄回，謝謝！）

姓　　名：＿＿＿＿＿＿＿＿　年齡：＿＿＿＿　性別：□女　□男

郵遞區號：□□□□□

地　　址：＿＿＿＿＿＿＿＿＿＿＿＿＿＿＿＿

聯絡電話：（日）＿＿＿＿＿＿＿＿（夜）＿＿＿＿＿＿＿＿

E-mail：＿＿＿＿＿＿＿＿＿＿＿＿＿＿＿＿